# 인공지능과 인간

## - 딥 러닝은 어디까지 진화할 것인가? -

진인진

이 책은 NHK E텔레비전 "인간이란 무엇인가? 초AI입문 시즌 1"이라는 프로그램에서 탄생했다. 〈강의 1〉에서 〈강의 6〉에 이르는 내용은 프로그램 녹화시의 해설을 바탕으로 재구성하고 가필한 것이다.

::

# 목차

:::

# 서문

# 인간에 대한 '확신'이 무너질 때

"여기에 커피가 있다는 것도 확신에 불과한 것이죠."

도쿄대학 홍고캠퍼스 공학부 2호관. "인간이란 무엇인가? 초인공지능입문"의 첫 녹화를 할 때의 일이다. 회의를 마치고, 눈앞의 컵을 보면서 마쓰오 유타카松尾 豊 교수가 툭 내뱉은 말이 아직도 귀에 생생하다.

지금 빠른 속도로 진행되는 인공지능Artificial Intelligence(이하 AI) 연구는 인간의 지능, 뇌체계를 모방하려는 움직임에서 시작되었다.

그렇다면 거꾸로 생각해 보면 어떨까? 모방된 얼개를 통하여 다시 인간지능의 실제 모습을 볼 수는 없을까?

우리 제작진은 이 시대의 테마인 AI를 취재해 프로그램을 만들면서, 공상과도 같은 그러한 가능성에 주목했다. 헐리우드 SF 영화 같은 접근을 통해 AI의 본질을 명확히 드러낼 수 있을까? AI 연구의 최첨단을 달리는 마쓰오 교수는 약간의 불안감을 안고 연구실에 들어선 우리들에게 "그거 재미있겠네요."하면서 흔쾌히 허락해 주었다.

이 책은 2017년 10월부터 12월까지 방영된 "인간이란 무엇인가? 초AI입문 시즌 1"을 소개한다. 특히 이중에서 마쓰오 교수의 해설에서 현장감 있게 AI를 잘 설명한 핵심 내용만을 간추린 개설서다.

세간에는 AI에 대한 고정적 시각이 떠돌고 있다. 예컨대 AI가 '인간의 일자리를 빼앗는 적'이라거나 '빛나는 미래를 가져올 만능처방'이라는 극단적인 '시각'이 그것이다. 그러나 우리는 이 고정적 시각을 넘어서 AI 세계의 문을 두드릴 것이다.

사실 마쓰오 교수의 AI 연구에서는 언제나 인간에 대한 사상적·철학적인 문제의식, 그리고 인류학과 정신분석학 등으로 이어지는 깊은 식견을 엿볼 수 있다. 이렇게 말하면 조금 어렵게 느껴질지 모르겠지만, 인간이라는 이해하기 어려운 존재에 접근함에 있어서 그는 이과나 문과의 양분법을 넘어선 풍부함을 보여준다.

처음에 등장하는 '확신'이라는 말도 근대 언어학의 새로운 지평을 연 페르디낭 드 소쉬르Ferdinand de Saussure[*]

---

[*]  역주-페르디낭 드 소쉬르(1857~1913)는 스위스, 프랑스

가 우리들이 일상적으로 쓰는 언어, 즉 말에 대해 논했던 바를 상기시켜주는 표현이다. 이에 대해서는 〈강의 1〉에서 상세히 논할 것이다.

인간이 어떤 상황을 인식하고 판단한다는 것은 무엇일까?

예를 들어 눈앞의 친구가 갑자기 울기 시작한다면, 사람들은 한 순간 여러 생각이 뇌리를 스칠 것이고, 무언가 눈물을 그치게 할 방법을 찾을 것이다. 사람들은 친구의 표정, 우는 모습, 목소리 톤, 그리고 단속적으로 중얼대는 말 등을 통해, 눈앞에서 펼쳐지는 상황의 원인과 효과적인 해법을 찾기 위해 모든 감수성을 사용할 것이다.

그때 우는 친구의 몸에서 일어나는 변화는 매우 복잡할 것이다. 심장박동수가 미묘하게 올라가고 맥박이 빨라지며 뇌의 혈류 또한 빨라질 것이다. 수치화된 그러한 일련의 생리적인 반응을 과거의 경험과 연결시키면 하나의 프로그래밍이 된다. 과거 친구 관계에서 여러 경험이 있는 사람일수록 상황에 대한 인식력과 판단력이 좋고 달래는 방법도 잘 아는 사람일 가능성이 크다.

───

의 언어학자, 언어철학자로 '근대 언어학의 아버지'로 불리기도 한다. 그는 기호론에 기초해 유럽의 구조주의 언어학, 구조주의 철학을 정초했다.

그 축적된 경험의 깊이에 따라 대응이 달라지듯이, AI도 진화한다면 어떻게 될까? 더 나아가서 그 진화의 도정에서 사실 스스로도 알아채지 못하면서 무의식의 반응까지도 동원된다고 하면 어떻게 될까?

그래도 과학적인 수치만으로 설명할 수 없는 미묘한 감정이 남을까? 그런 흥분되는 마음의 메커니즘이 생길 가능성에 대해도 이 책은 다루고 있다. 이 책이 디지털 해석을 통해 인간의 불가사의함을 생각하는 중요한 계기가 되길 바란다.

이 책은 언제나 본질적으로 이 질문을 의식하고 있다.

"인간이란 무엇인가?"

NHK 엔터프라이즈 프로그램 개발
집행 프로듀서 마루야마 슌이치(丸山俊一)

::

## 강의 1
# AI와 인간 간에 대화는 가능할까?

이 책은 여섯 개의 강의를 통해 AI에 대해서 공부하면서, "인간이란 무엇인가?"라는 질문에 대해 다루어 간다. 각각의 강의에서 우리 인간의 행동을 두루 살피면서, 인간의 행동에 AI가 관여할 여지가 있는지 생각해 볼 것이다.

AI는 우리 생활의 다양한 영역에 침투해 들어오고 있다.

AI의 진보로 우리 생활은 어떻게 바뀔까? AI는 할 수 있지만 인간이 할 수 없는 것은 무엇이고, AI는 할 수 없지만 인간만이 할 수 있는 일은 무엇인가? AI가 현실 속에서 가까이 다가옴에 따라, 도리어 우리들 인간 자신의 존재의 미나 본연의 자세에 대해 다시 되짚어볼 수 있는 좋은 기회가 주어지고 있다.

〈강의 1〉의 주제는 '대화'다. 인간의 커뮤니케이션에서 언어가 대단히 중요한 부분을 차지하고 있다. 첫 번째 강의에서는 우선 AI가 말할 수 있고 말뜻을 이해하는 것이 어떠한 상황인지 짚어보면서, 특히 인간과 AI의 차이가 무엇인지 논하겠다.

AI 연구가 시작된 이래, AI가 말할 수 있도록 만드는 것은 많은 연구자의 꿈이었다. 몇십년 전부터 계속 연구가 이루어져 오는 사이, 최근에 기술적 진보가 이루어져 상당한 성과가 나오고 있다.

프로그램에서 소개된 커뮤니케이션 로봇 '유니보'*는 2017년에 발표되었다. 유니보는 다양한 기능을 갖고 있지만, AI를 사용해 일상적 대화를 할 수 있도록 프로그래밍되어 있다는 것이 가장 큰 특징이다. 개발자는 유니보가 사람과 대화할 때 상대가 어떤 감정상태인지 AI로 학습해 감정을 표현할 수 있다고 한다.

---

* 역주-유니보UNIBO는 일본의 유니로봇주식회사가 파트너 로봇으로 2017년 10월에 발매하였는데, 주요한 특징은 개성을 학습하는데 있다. 크기는 높이 32cm, 너비 26cm, 깊이 16cm, 무게 2.5kg이고 얼굴부분에 7인치 고화질액정 디스플레이가 있어서 표정이 나타난다(https://www.unirobot.com).

## 로봇은 대화가 가능한가?

우선 구체적으로 어떤 시스템을 통해 '로봇이 대화를 하는지' 생각해 보자.

예를 들어 로봇에게 "안녕하세요."라고 인사를 한다. 그러면 로봇도 "안녕하십니까."라고 답한다. 이것은 '이렇게 입력하면 이렇게 출력한다'고 프로그래밍한 결과다.

아침이면 "아침 드셨어요?" 밤이면 "저녁 드셨나요?" 이렇게 돌려가면서 프로그래밍하면 일단 대화는 성립된다.

다음에는 로봇이 질문하도록 한다. 사람이 "X"라고 말하면, 로봇이 "왜 X인가요?"라고 묻는다. 예를 들어 "고양이를 좋아합니다."라고 말하면, 로봇은 "왜 고양이를 좋아해요?"라고 질문한다. 그렇게 하면 대화를 하는듯한 분위기는 만들어진다. 이런 문답을 수없이 프로그래밍하면, 언젠가는 대화할 수 있는 로봇을 만들 수 있다.

1960년대에 '일라이자ELIZA'*라는 자연언어처리─인간의 언어를 컴퓨터로 처리하는 기술─ 프로그램이 만들어졌다.

─────

\* 역주-일라이자는 1964년부터 1966년 사이에 MIT의 인공지능실험실에서 개발된 초기의 단순한 자연언어처리 프로그램의 하나다. 상호(대화)적이지만 음성으로 대화를 하는 것은 아니다. 사용자의 스크립트에 대한 응답을 처리하는 방식으로, 설계자는 조셉 와이젠바움Joseph Weizenbaum이다.

일라이자는 사전에 시나리오를 준비해 인간과 대화할 수 있도록 한 시스템이었다. 당시는 음성인식 기술이 없었기 때문에 컴퓨터에 타이핑해 말을 건다. 그러면 글자로 답이 나온다. 사람들은 이것에 열광했다. 점차로 개인적인 일이나 고민거리 등을 상담하는 빈도가 늘어갔다.

일라이자는 기본적으로 "왜 그렇죠?", "다른 사람은 누가 그렇죠?", "그것을 어떻게 생각합니까?"라고 질문으로 답한다. 범용성이 높은 대답 패턴을 많이 마련해 두었기 때문이다.

사실 이것은 테라피스트의 대화기술과 매우 흡사하다. 우선 상대방의 고민을 들어준다. 들으면서 상대방의 말 속에서 대답을 이끌어낸다. 일라이자도 테라피 용도이기는 했지만, 아무래도 답변이 제한되어 있다는 한계가 있었다.

그러나 지금은 AI 기술이 현저히 발전해서 데이터에서 말을 만들어내는 것까지도 학습하고 있다. 한 사람이 어떤 대화에서 이렇게 대답했다. 그리고 다른 대화에서는 저렇게 대답했다. 이러한 대화 데이터들을 대량으로 모을 수 있으면, 어떤 이야기 뒤에 어떤 이야기가 이어지는지를 학습하여 그대로 말을 만들어낼 수 있다.

말을 걸면 사람처럼 대답해 주는 AI로봇 '린나りんな'[*]

---

[*]   역주-린나는 일본 마이크로소프트가 말하기 좋아하는 여

에도 이 기술이 사용된다. 린나는 묻는 이가 꽤나 엉뚱한 질문을 해도 대답을 한다. 인간과의 대화도 나름대로 상당히 자연스럽게 발전해가고 있다.

그러나 사실 이것은 AI가 '어떤 글이 입력되면 그에 대응하는 일정한 글을 출력하는' 프로그램을 실행하는 것일 뿐이다. AI가 말의 의미를 이해하면서 대화하는 것이 아니라, 대화패턴을 학습한다. '의미를 이해하는' 것과 패턴을 학습하는 것이 어떻게 다를까? 그에 대해서는 앞으로 자세히 살펴보겠다.

어쨌든 최근 심층학습deep learning의 등장으로 자연언어를 처리하는 데 눈부신 성과가 나타나고 있다. 그동안 정밀도가 별로 높지 않던 번역과 문서 분류, 그리고 요약 등 다양한 업무에서 비약적인 진보가 이루어지고 있다.

## AI는 어떻게 번역하는가?

대저 심층학습이란 무엇일까? 나중에 설명하겠지만, 여기에서는 우선 '다층 인공신경망neural network을 이용한 기

───

고생이라는 캐릭터를 살려 개발한 AI로 LINE을 통해서 공개하였다.

계학습'이라고 정의한다.

심층학습에는 여러 기술이 있다. 대표적인 것은 '합성곱 인공신경망Convolutional Neural Network, CNN'[*]과 '재귀형 인공신경망Recurrent Neural Network, RNN'[**]이라는 두 가

---

[*]    역주-합성곱 인공신경망은 화상인식 등에 잘 사용되는 인공신경망인데, 최근에는 자연언어의 처리NLP 등의 용도에도 사용되고 있다. CNN은 순전파법順傳播法 인공신경망의 일종으로 최소한의 데이터 전처리만을 사용하고 그 중첩적 공유구조와 병진불변특성에 기초해서 위치불변 인공신경망이라고도 불리운다. CNN은 신경망의 결합방식을 생물학적 과정, 즉 시각피질의 배치에서 발상을 얻은 것으로 알려지고 있다. 이 개념은 1989년 르컹LeCun이 발표했고 그에 의해 1998년에 LeNet이라는 최초의 CNN이 만들어졌으며, 2003년 벤케Behnke의 「이미지 해석을 위한 계층적 인공신경망」이라는 논문과 시마드Simard의 「시각문서 분석에 적용된 합성곱 인공신경망의 최선의 실행」이라는 논문을 통해서 일반적으로 사용되기 시작했다.

[**]    역주-재귀형 인공신경망RNN은 인공신경망을 확장하여 시계열데이터를 처리는데, 즉 일정한 시간의 경과되면 값이 변해가는 데이터 처리에 많이 사용되는 인공신경망이다. RNN은 자기회귀형의 구조를 갖고 있는데, 이 때문에 과거의 시기의 정보를 간직하고 그것을 포함한 해석이 가능해지게 되었다. 주로 음성인식 등의 데이터해석에서 유효성이 입증되고 있다.

지 기술이다.

화상인식에 사용되는 것이 CNN, 언어처리에 사용되는 것이 RNN이다. 여기에서는 RNN에 대해 우선 설명하겠다. RNN은 언어처리나 음성인식 등 시간에 따라 변화하는 데이터를 취급하는 데 적합하다. 이것은 무슨 얘기일까?

RNN에 어떤 정보가 입력된다. 예를 들어 "안녕하십니까?"라는 글이 한 문자씩 입력된다. 그러면 인공신경망의 '숨은층'의 상태가 변한다. '숨은층'이란 입력층과 출력층을 연결하는 중간층으로, 보이지 않는 층이라서 '숨은층'이라고 한다. 이 층의 상태에 따라 출력되는 내용이 달라진다.

예를 들어 사람을 만났을 때 인사를 한다.

"안녕하세요."
"안녕하세요."

이때 두 사람의 머릿속 상태는 '인사이전 상태'에서 '인사이후 상태'로 바뀐다. 이미 인사를 했기에 다시 인사할 필요가 없다. 문맥이 변화한 것이다. 이 문맥에 해당하는 것이 숨은층 정보다. 입력정보와 숨은층 정보로, 다음 시점의 숨은층 정보를 갱신한다. 그래서 '재귀형'이라고 한다.

RNN에 많은 대화문을 학습시킨다고 하자. 예를 들어 "저는 남자학교에 다니는 학생입니다. 이성과의 만남이 없어서 아쉬워하고 있습니다. 여자 친구가 없어서 진지하게 고민하고 있어요. 어디 가면 좋은 만남을 할 수 있을까요? 조언 부탁합니다."라는 문장을 입력한다. 그러면 RNN은 그에 대해 "그렇습니까? 그 기분 잘 알겠습니다."라는 문장을 만들어 낸다. 시계열로 정보가 들어오면 인공신경망의 내부상태가 차례로 바뀌어 적절한 문장을 출력한다. 이것을 위해 미리 방대한 질문과 답변의 사례를 학습시킨다.

그런데 RNN에도 결점이 있다. 처음 들은 것을 잊어버리는 것이다. 시계열로 상태가 계속 이어져갈 때에, 새로운 정보가 들어가면 최초 입력의 효과가 약해져 잊어버리게 되는 것이다. 그래서 장기적으로 기억을 보존하기 어렵다. 이를 개선한 것이 'LSTM'[*] 기술이다. 명확하게 정보를 보존하는 '메모리셀' 구조를 이용해 장기 보존성을 높였

---

[*] 역주-90년대 중반에 RNN의 변종으로 등장했는데, 독일의 제프 호흐라이터Sepp Hochreiter와 위르겐 슈미터후버Juergen Schmidhuber가 제창했다. LSTM은 시간과 층을 통해 오차 역전파할 수 있는 오차를 보존함으로써, RNN이 1,000번 이상의 회수를 걸쳐 계속 학습한 것으로 이를 넘어서도 인과를 연계할 수 있게 된 것을 의미한다.

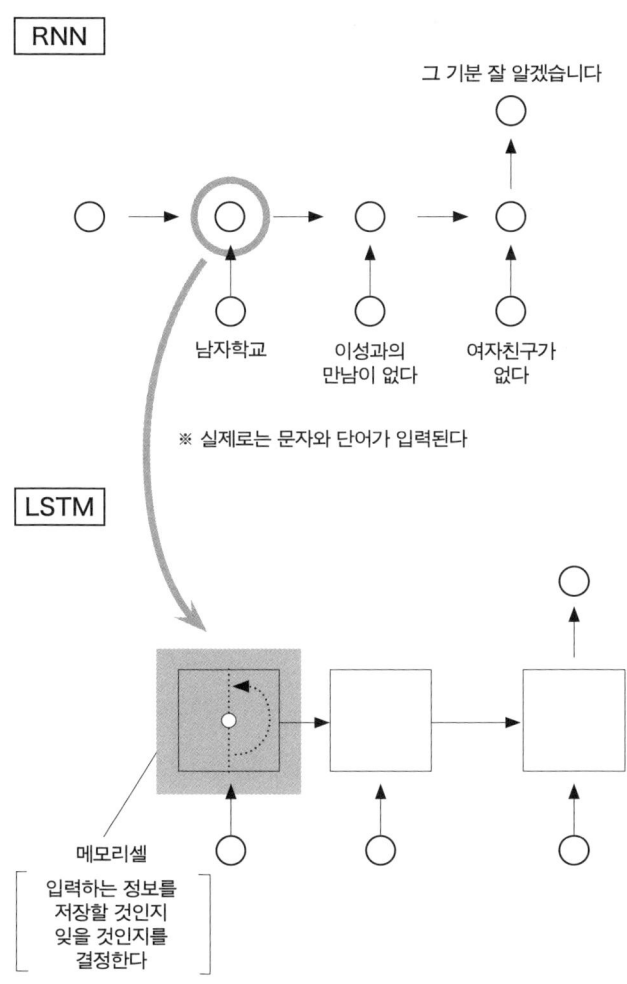

그림 1　RNN으로 대답을 출력하기까지의 얼개

고, 잊어버릴지 여부도 결정할 수 있다.

조금 전의 질문으로 돌아가자면 '남자학교', '이성과의 만남이 없다', '여자 친구가 없다'와 같은 최초의 정보도 잊지 않는다. 질문의 의미는 잘 모르지만, 잊지 않기 때문에 학습데이터를 통해 질문에 적합한 대답을 할 수 있다.

이번엔 RNN에게 번역을 시키는 것을 생각해 보자. 번역이나 회화학습에서 자주 이용되는 것이 RNN 중에서도 'Seq2Seq'라는 기술이다.

"I have a pen."이라는 문장을 입력하면, "나는 펜을 가지고 있습니다."라는 번역문이 출력되면 정답이다. 그러나 이것은 별로 깔끔하지 않다. 왜냐하면 일본어와 영어는 어순이 틀리고, 문장 길이도 다르기 때문이다. 입력되는 원문을 끝까지 확인해야 '펜'이라고 말할 수 있다. "I have"까지는 알아도, "나는, 음, 음~"하면서 다음이 이어지지 않는다.

그래서 "I have a pen."의 뒤에 "EOS"라고 입력한다. RNN의 구조를 조금 변화시켜, 입력되는 시계열 데이터가 인공신경망에 **완전히 입력된** 후에 출력되는 것이 Seq2Seq다.

Google은 이 Seq2Seq를 이용하여 대화를 실현하는 '신경회로 대화모델'을 제시했다. 수천만 단어에서 수억 단어에 이르는 IT 헬프데스크 문답과 영화 스크립트를 학습시켜, AI가 상당히 진짜에 가까운 대화를 할 수 있게 되었다. 이러한 Seq2Seq 기술을 바탕으로 다양한 활용 방법이 생겼는데, 그중 하나가 종래 어려웠지만 지금은 약간 가능해진 '잡담 같은 대화'다.

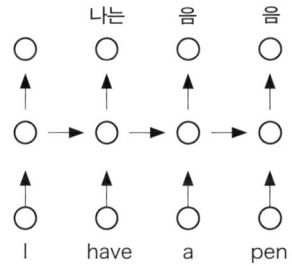

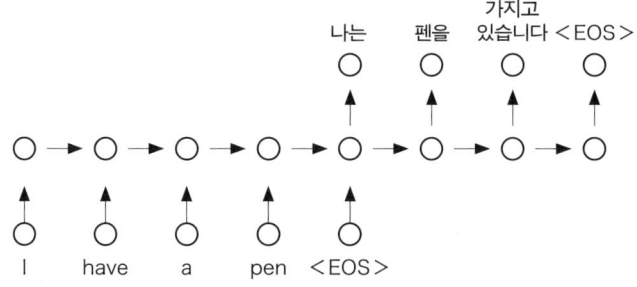

그림 2 RNN에 번역을 시킬 경우

## 학습이란 '나누는' 것

AI로봇 '린나'를 앞에서 소개할 때, '대화패턴을 학습한다'
고 말했는데 원래 '학습'이란 무엇일까?

학습하는 행위는 '나누는' 것이 근간이다. 어떤 사물에
대해 판단한다. 그것이 무엇인가를 인식한다. '나눌' 수 있
으면 그것을 기반으로 행동할 수도 있다.

이 '나누는' 행위는 어떤 사물을 '예스'나 '노'로 대답하
는 것이기도 하다.

물론 이것은 AI 뿐만 아니라 인간에 대해서도 마찬가
지다. 예를 들어 사업으로 기획을 진척시켜도 좋을지, 우
리는 '예스'와 '노'로 구별해서 판단한다. 그리고 그 정밀도
와 정답률을 높이는 것이 학습하는 것이라고 말할 수 있다.

그리고 우리가 눈앞의 것을 '나누는' 것은 세계 그 자
체를 '나누는' 것이다. 그것은 인간만의 행위는 아니다. 원
래 생물은 자신이 생존하기 위해 세상을 '나누고' 있다. 눈
앞에 있는 것이 먹을 수 있는 것인지 아닌지, 적인지 친구
인지, 수컷인지 암컷인지...그것들을 '나누는' 것은 그 생
물의 생존 가능성 여부와 직결된다. 우리 인간은 다른 생
물보다 고도한 지능을 가지고 있기 때문에, 언뜻 무의미하
게 느껴질 정도의 수준까지 매우 세세하게 세계를 '나누
고' 있다.

AI의 기계학습은 컴퓨터가 대량의 데이터를 처리하면서 이 '나누는 방법'을 자동적으로 습득하는 과정이다. 한 번 '나누는 방법'을 습득하면 새로운 데이터도 '나눌' 수 있다. 일단 '고양이'를 분별하는 방법을 학습하면, 그 다음에 고양이 그림을 볼 때 고양이인지 아닌지, '예스'와 '노'로 '나눈다'.

AI로 글을 출력하는 것도 마찬가지다. 글을 출력하는 것은 하나하나 문자를 출력하는 것이기도 하다. '가'라는 문자를 출력할지, 다음으로 '나'를, 그리고 '다'를 출력할지 여부를 결정해야 한다. 각각의 글자를 출력할지를 '예스'와 '노'로 '나눈다'. 실제 심층학습의 출력층은 다음에 어느 문자를 출력할지 방대한 집합으로 구성되어 있다. 그것이 시계열로 이어져 글 전체를 출력한다.

## 튜링테스트와 '중국어 방'

그러면 그 학습의 성과를 축적해 가면, 사물의 의미를 인간과 같은 방법으로 이해할 수 있을까?

AI의 세계에서는 '튜링테스트Turing test*'라는 실험이

---

\* 역주-앨런 튜링이 1950년 「컴퓨팅기계와 지능」이라는 논

유명하다. 이 실험은 어느 기계가 지적인지—AI인지—를 판정하기 위한 테스트다. 영국의 수학자이자 컴퓨터 과학자이며, 암호 해독 전문가로도 알려진 앨런 튜링이 1950년의 논문에서 발표한 사고실험이다.

그전에도 '지능이 있다'는 것이 어떠한 의미인지 논의가 많았다. 지능을 정의하기는 매우 어렵다. 어떤 컴퓨터에 AI 프로그램을 내장했다고 해서, 그 프로그램이 어느 정도의 지능이 있는지 말하기는 어렵다.

튜링의 테스트는 다음과 같다.

어떤 방 안에 컴퓨터나 인간이 있다고 하자. 방 밖에 있는 사람이 그 컴퓨터나 인간과 채팅을 한다. 채팅을 했는데도 방 안에 있는 존재가 컴퓨터인지 인간인지를 알아채지 못한다. 만약 방안에 컴퓨터가 있었다면, 인간인지 컴퓨터인지 구별하지 못할 정도의 지능을 갖고 있다고 말할 수 있을 것이다. 이것이 핵심이다. 튜링테스트는 지능이 외부에서 측정될 수 있다는 생각이었다.*

튜링테스트에서 AI의 점수를 겨루는 경쟁도 있는데,

---

문에서 고안한 어느 기계가 지적인지, 즉 인공지능의 능력을 갖고 있는지를 판정하는 테스트를 가리킨다.

\* 역주-Alan Turing. 1950. "Computing Machinery and Intelligence." *Mind*. LIX (236). 433-460.

꽤 좋은 성과를 내는 AI도 등장하고 있다. 그러나 테스트에 통과했다고 해도, 그것이 정말로 지능이 있다고 증명된 것인지는 의문의 여지가 있다.

다음으로 미국의 철학자 존 설John Rogers Searle*이 고안한 '중국어 방Chinese Room'**이라는 튜링테스트의 철학판 사고실험을 소개하겠다.

우선 중국어를 못하는 사람을 어떤 방에 들어가게 한다. 밖에서 중국어가 적힌 종이를 방으로 들여보낸다. 방안에는 두툼한 중국어 회화 매뉴얼이 있다. 방안의 사람은 그 매뉴얼에 따라 글자를 바꾸어 다시 그 종이에 적어 밖으로 내보낸다. 즉 방금 전 튜링테스트에서 '방안의 존재'와 같은 역할을 하는 것이다. 그렇게 되면 밖에서는 중국

---

* 역주-존 로저스 설(1932~)은 미국의 철학자로, 언어철학과 마음의 철학을 전공하고 있다.

** 역주-'중국어의 방'이란 철학자 존 설이 1980년에 「뇌, 마음, 프로그램」이라는 논문에서 발표한 사고실험으로, 중국어를 이해할 수 없는 사람을 작은 방에 가두고서 매뉴얼에 따라 작업을 시킨다는 내용이다. 이는 튜링테스트를 발전시킨 사고실험으로 의식의 문제를 생각하는 데 사용된다. John Searle. 1980. "Minds, Brains and Programs." *Behavioral and Brain Sciences*. 3 (3). 417－457.

어로 대화가 이루어지는 것처럼 보일 수도 있다. 그러나 방 안에 있는 사람은 사실 중국어를 전혀 모르기 때문에 진정한 의미의 대화가 이루어지기는 어렵다.

'튜링테스트'에 합격한다는 것과 의미를 이해한다는 것이 전혀 다른 문제임을 보여주는 실험이다.

## 지쳐본 적이 없는 사람은 '지쳤다'는 말을 이해 못할까?

무난하게 연결되는 문답 정도의 대화라면 현재의 AI로도 가능하다. 그러나 AI는 말의 의미를 이해하지 못하므로, 의미를 알아야만 하는 질문에는 제대로 답할 수 없다.

예를 들어 사람이 "지쳤다."고 말했다고 하자. AI가 그 말에 "지금 괜찮아?"라고 대답할 수는 있으나, '지친다'란 말의 의미를 알지 못한다.

그러면 우리 인간은 왜 '지쳤다'는 말의 의미를 애초부터 알고 있을까?

인간이 '지쳤다'는 말의 의미를 개념으로 이해하는 것은 무엇보다 '자기가 지쳐본 적이 있다'는 사실 때문이다. 그리고 '사람이 지친 상태'와 '지쳤다'는 말이 일치됨을 알고 있다. 그러므로 '지쳤다'는 말을 들으면 '이런 상태를 가리킨다'고 아는 것이다.

그러나 여기서 만약에 정말로 지쳐본 경험이 없는 사람이 있다면, 그 사람이 '지쳤다'는 개념을 알 수 없을까? 실제 느낌으로는 잘 모를지라도 '움직임이 느려지고 곧 잠들어버리는 상태를 가리킨다' 정도로는 이해할 수 있을 것이다. 그렇다면 말을 정확히 이해하기 위해서 반드시 '신체가 필요한가' 하는 새로운 의문도 연이어 제기된다.

그와 연관하여 호주의 철학자 프랭크 잭슨Frank Cameron Jackson*은 1986년에 '메리의 방Mary's Room, Mary the super-scientist'**이라는 사고실험을 제시한 바 있다. 메리는

---

* 역주-프랭크 캐머룬 잭슨(1943~ )은 호주의 철학자로 전공은 마음의 철학, 인식론, 형이상학, 메타윤리학이다. 프린스턴대학, 라트로브대학, 호주국립대학 등의 교수를 역임하였다.
** 역주-프랭크 잭슨이 1982년에 「부수현상적 개별감각질 Epiphenomenal Qualia」, 그리고 1986년에 「메리가 몰랐던 것 What Mary Didn't Know」 등의 논문들에서 제시한 철학적 사고실험을 가리킨다. 잭슨은 성질이원론 혹은 중립일원론의 입장에서, 마음을 포함한 우주가 모두 물리적인 것이라는 물리주의를 전개하고 있다. 그 사고실험의 개요는 다음과 같다. "메리는 똑똑한 과학자인데, 특정한 사정 때문에 흑백의 방에서 흑백 TV 화면만을 통해서 세계를 바라본다. 메리의 전공은 시각 신경생리학이다. 다음과 같이 생각해보자. 메리는 우리들이 익숙한 토마토와 하늘을 볼 때에 생기는 물리적 과정에 관

흰색과 검은색만이 있는 세계에 살고 있다. 메리가 과연 '색'의 개념을 이해할 수 있을까?

이 질문에 대해 '할 수 있다'는 사람과 '할 수 없다'는 사람으로 나뉜다. '할 수 있다'는 사람은 여러 이야기를 듣거나 관찰을 함으로써 '색이 이런 것이구나'하고 이해할 수 있다고 주장한다. 반면 '못한다'는 사람은 색깔을 본 적이 없기에 애초에 색이 무엇인지 알 리가 없다고 주장한다.

보통 말의 의미를 이해할 때 신체도 필요하다고 생각

---

한 정보를 충분히 가지고 있고, '빨갛다', '파랗다'와 같은 말의 쓰임새도 알고 있다. 예컨대 하늘에서 특정한 파장의 빛이 망막을 자극한다는 것을 알고 있고, 그리고 신경중추를 통해 성대가 수축하고 폐에서 공기가 나와 '하늘은 파랗다'는 말이 만들어진다는 것을 이미 알고 있다...그런데 메리가 흑백의 방에서 나와 컬러 TV를 본다면 무슨 일이 일어날까? 메리는 새로이 무언가를 배워야 할까?" 즉 색에 대해서 알려져 있는 물리학적 사실은 이미 알고 있지만, 한번도 색을 본적이 없는 과학자를 상정하고 있다. 만약 메리가 처음으로 색을 본다면 무언가 새로운 것을 배워야 하는가 하는 질문이다. Frank Cameron Jackson. 1982. "Epiphenomenal Qualia." *Philosophical Quarterly*. 32. 127. 127-136; Frank Cameron Jackson. 1986. "What Mary didn't Know." *Journal of Philosophy*. 83. 5. 291-295.

한다. 그러나 신체도 여러 가지로 정의될 수 있다. 예를 들어 현실세계의 로봇이 아니라 해도, 프로그램으로 작동하고 그 결과를 피드백 받을 수 있는 환경을 온라인에 만들 수 있다고 하자. 그러면 현실세계에서 움직이는 것과 동일한 신체를 가지고 있다고 말할 수 있다. 즉 온라인 환경에서도 개념이 획득될 수 있는 것이다.

그 밖에도 "신체가 아예 없어도 세계를 이해할 수 있다. 예를 들어 유튜브YouTube 동영상을 반복해서 분석하면 된다."는 주장도 할 수 있다. 나는 이런 사고방식이 주류가 될 것이라고 생각한다. 말의 의미를 이해하는 데 꼭 신체가 필요한지에 대해서는 여러 의견이 있을 수 있다. 이 문제는 AI 연구사에서도 대단히 많이 논의되어 왔다. 현재 그 결론을 향해 접근해가고 있는 모습이 매우 흥미롭다.


## AI는 '고양이'를 이해할 수 있을까?

최근 심층학습 기술을 통해 고도의 화상인식이 가능해졌다. 앞에서 간략히 언급한 CNN이라는 방법을 사용해, 예를 들면 '고양이 개념은 그림으로 이것이다'는 관계성을 AI에게 학습시킨다.

그러나 이 또한 그림만으로는 부족하다. 신체가 없다면 '고양이라는 동물은 눈은 이렇고 우는 방법은 이렇다, 만지면 이런 촉감'이라는 종합적인 개념을 획득할 수는 없다. 기술이 발전해감에 따라 향후 서서히 가능해질 것인바, 말의 의미를 이해하거나 진짜 내용이 있는 대화를 하는 날도 멀지않을 것이다.

AI의 세계에는 의미를 이해하는 문제와 관련해 '심볼 그라운딩symbol-grounding'*이라는 전문용어가 있다. '그라운딩'이란 '접지接地'를 뜻하며 전체적으로 '기호접지문제'라고 번역된다.

조금 어려운 이야기여서 상세히 설명해 보겠다.

예컨대 '고양이'라는 단어를 보자. 인간은 이 '고양이'라는 단어를 어떻게 이해하고 있을까? '근대 언어학의 아버지'라고 불리는 스위스의 언어 철학자 페르디낭 드 소쉬르의 생각을 소개하겠다.

소쉬르는 '시니피앙signifiant'과 '시니피에signifié'라는

---

\* 역주-스티븐 하나드Stevan Harnad가 명명한 것으로, 기호 체계 내에서 '상징symbol'이 '현실세계의 의미'와 어떻게 결합하는지 하는 문제를 다룬다. Stevan Harnad. 1992. *Grounding Symbolic Representation in Categorical Perception*. Ph.D. dissertation. Princeton University.

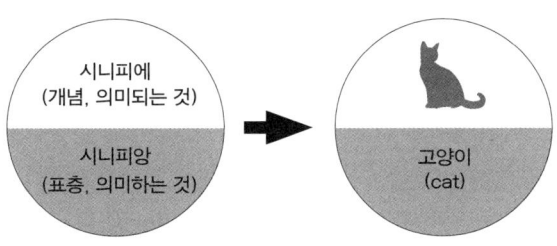

**그림 3  시니피앙과 시니피에**

개념을 제시했는데, '시니피앙'은 '의미하는 것', 그리고 '시니피에'는 '의미되는 것'으로 정의된다.

'고양이'라는 단어에는 '고양이'라는 단어의 표층과 '고양이'라는 개념이 모두 포함되어 있다. 바꾸어 말하면 단어의 표층이 개념을 지시함으로써, '고양이'라는 단어가 성립한다. 영어권 국가에서는 당연히 '고양이'라는 개념의 단어의 표층이 'cat'으로 바뀐다.

지금까지 AI는 '고양이'라는 표층은 처리할 수 있지만 개념은 처리할 수 없었다. 그래서 단어의 의미를 이해하지 못한다. '기호'를 '접지'하지 못한다는 것이다. 오늘날 그림과 단어를 연결하는 연구가 진행되고 있지만, 그림만으로는 아직 '고양이'의 종합적인 개념에 이를 수 없다. 그래도 언젠가는 고양이라는 개념을 얻을 수 있을 것이다.

그런데 가령 '자유', '용기' 혹은 '민주주의'라는 단어라면 어떨까? 이 추상적인 개념들에 대해서는 우리 인간도 모두 상상하는 것이 다를 것이다. AI를 연구개발함에 있어서 과연 '기호접지문제'를 해결할 수 있을까? 어렵다고 생각하지만, 나는 언젠가는 달성할 수 있을 거라고 생각한다.

## 어린 아이는 보이는 것만 알 수 있다?

어린 아이들은 구체적인 사물만을 이해할 수 있다. 펜이나 동물과 같이 눈에 보이는 것들이다. 크면서 점점 추상적 개념을 이해할 수 있게 된다. 사자와 호랑이라는 동물을 이해하면 '육식동물'이라는 개념을 이해하게 된다. 나아가 그 상위 개념으로 '동물', 그리고 '생물'이 있다는 사실도 알게 된다. 보다 추상도가 높아지는 것이다.

그리고 "이것을 하면 안 돼."라는 말을 들으면서, '금지'라는 개념을 알게 된다. 그리고 '금지'와 대립하는 개념으로 '자유'라는 개념도 이해할 수 있게 된다.

AI도 우선은 그림을 인식하여 시각적인 정보를 파악한다. 다음으로 신체를 움직여 환경과 상호작용함으로써 얻어지는 개념을 이해한다. 이 과정이 누적되면 조만간 보다 추상적인 개념도 이해할 수 있을 것이다.

최근에는 로봇을 사용해 여러 가지 일이 자동화되고 있다. 심층학습을 사용해 이전에는 인간이 눈으로 직접 확인해야만 했던 복잡한 일도 할 수 있게 되었다.

AI 기술이 더욱 진보하여 말의 의미를 이해하고 처리하게 되면 어떻게 될까? 예컨대 회계 및 경리, 계약서 작성, 문장 작성과 같은 일들을 인간에 매우 근접한 수준이나, 혹은 그 이상의 수준으로 할 수 있게 된다. 그렇게 되면 세상은 크게 바뀔 것이다. 아마도 이러한 기술은 GAFA—Google, Apple, Facebook, Amazon의 네 회사의 머릿글자를 딴 호칭—에서 나오지 않을까 생각한다.

현시점에서 AI가 의미를 거의 이해하지 못하기 때문에, 아직은 '그럴싸한' 결과들만 나오고 있다. 그런데 AI가 의미를 이해한다고 하면, 실로 대단히 많은 일을 할 수 있을 것이다.

## 말을 사용하는 것은 '정보를 털어내는' 것이다.

인간은 다른 동물보다 압도적으로 지능이 높으며 말을 사용할 수 있다. 그러나 말을 사용하는 과정에서 어떤 효과가 발생할까? 사실 말을 사용할 때 인간은 정보를 **털어내고** 있다. 정보를 털어내고 추상화하고 요약한다. 그 대신에 보존성을 높인다.

말로 보존해 두면, 나중에 필요할 때에 불러낼 수 있다. 그러면 "이런 상황에서 이렇게 했었더라면 좋았겠다."라고 차후에 상황을 재현할 수 있다. 그리고 여러 상황들에 공통적인 요소를 추상화할 수도 있다. 그렇지만 그때그때의 경험은 고유하며, 인생에서 같은 상황은 두번 반복되지 않을 것이다. 결국 말로 한다는 것은 많은 정보를 털어내 버리는 것이므로, 매우 난폭한 일이 될 수도 있다.

인간은 복잡하고 방대한 정보를 그대로 보존할 수 없다. 때문에 가능한 한 말로 추상화하고 관련된 것들을 **풀어내서**―어떤 현상을 여러 원인으로 나누고 다른 요인들로 분해하여―보존하고 있다. 컴퓨터는 얼마든지 기억할 수 있기 때문에 복잡한 정보를 그대로 보존할 수 있다. 그러나 현시점에서 인간과 같은 수준으로 추상화를 할 수는 없다.

인간은 어릴 때 '머리가 더 좋다'. 어린이가 짧은 시간 동안 더 많은 것을 배울 수 있다. 즉 아기 때가 일생 중 가장 머리가 좋은 시기다. 가장 머리가 좋은 그 1~2년 동안 '세계의 구조가 어떻게 짜여 있는지', '자기의 몸은 어떻게 만들어졌는지', '자기가 세계에 작용하면 무엇이 되돌아오는지'하는 것들에 대해서 **풀어내서** 배운다. 말을 기억하기 시작하는 두 살쯤 되면 이 어려운 학습이 대체로 완성된다.

우리는 말을 사용해 '세계를 이해하고 있다'. 그러나 사실은 아기 때의 방대한 시행착오에 기초한 '세계 탐색', 즉 경험이 세계를 이해하는 기반이 된다.

::

# 강의 2
# 뇌와 AI, 차이는 무엇인가?

〈강의 1〉에서도 소개했지만, 최근에 사람과 대화하는 여러 유형의 AI가 등장하고 있다. 그러나 현시점에서 AI는 인간끼리의 대화처럼 깊은 내용의 대화를 하기 어렵다. 의미를 이해할 수 없기 때문이다. 나는 인간 수준의 대화도 가까운 장래에 실현될 것이라고 생각한다. 그러나 일반적인 시각은 실현될 수 없거나, 실현된다 해도 꽤 먼 미래의 일일 것이라고 보는 듯하다.

　AI가 인간을 뛰어넘을 가능성을 얻었다는 말도 많이 들린다. 그러나 AI와 인간을 하나로 묶어서 단순하게 비교할 수는 없다. 원래의 계산기처럼 고속으로 사칙연산을 하거나, 문자열을 대량으로 기억하는 능력 면에서 이미 인간은 컴퓨터에 대적하지 못한다. 인간의 특성과 AI의 특성을 정확히 이해하면서, 그 차이와 유사점을 따져볼 필요가 있다.

이번 강의의 주제는 '뇌와 AI'다. 뇌 과학은 매우 치밀한 학문인데, 뇌기능에 대해 알려진 것은 그리 많지 않다. 예를 들어 TV에 '우뇌와 좌뇌'에 따른 성격 진단 등이 소개되기도 하지만, 대부분 과학적 근거가 없는 이야기들이다. 알려진 바를 아주 조금씩이나마 진전시키기 위해서 많은 연구자들이 노력하고 있다. 때문에 뇌에 대해서 무책임하게 말해서는 안된다.

그렇지만 뇌와 AI를 비교하는 것은 지적인 흥미를 불러일으키며, 인간과 AI에 대해서 생각하는 데 중요한 힌트를 줄 수 있다. 따라서 〈강의 2〉에서는 뇌와 AI는 무엇이 비슷하고 무엇이 다른지를 생각해보고자 한다. 우선 뇌의 얼개를 개관해보자.

## 뇌의 기능과 AI 학습법의 유사성

뇌 전체는 아직 규명되지 않은 부분이 많지만, 지금까지 밝혀진 각 부위의 기능은 AI의 학습법과 유사성이 있다. 거친 설명임을 전제로 몇 가지를 들어 보겠다.

대뇌피질大腦皮質, Cerebral cortex*은 인간의 뇌에서 매

---

\* 역주-대뇌피질은 대뇌의 표면에 펼쳐진 신경세포의 얇은

우 큰 부분을 차지하며 사물을 추상화하여 파악하는 능력을 갖고 있다. 말이나 시각정보를 취급하는 것도 대뇌피질이다. 이 대뇌피질의 기능과 유사한 AI의 기능이 심층학습이다. 따라서 심층학습이 등장함으로써, 역으로 뇌 전체의 기능에 대한 이해를 더욱 심화할 수 있을 것이라 보는 견해도 있다.

잘 알다시피 인간의 뇌에는 그 밖에도 여러 부위가 있다.

예컨대 편도체扁桃體, Amygdala*는 강화학습과 유사한 일을 한다. 어떤 일련의 행동에 대해 '보상'이 주어지고 그 행동이 강화된다. 이것이 강화학습의 간단한 정의인데, 편도체는 그 보상계—보상을 주는 구조—와 깊게 연관되어 있다.

보상의 역할을 하는 신경전달물질에는 도파민, 노르아드레날린, 세로토닌, 옥시토신 등이 있다. 예컨대 옥시토신이 분비되면 대인관계에서 친밀함을 느낀다. 출산할 때 여성은 체내의 옥시토신의 농도가 높아지고, 아기에 대해

———

회백질 층이다. 그 두께는 위치에 따라 다르지만 1.5~4.0mm 정도이고, 대뇌기저핵을 감싸고 있다. 지각, 사고, 추리, 기억 등 뇌의 고차기능을 담당한다.

\* 역주-편도체는 인간 등 고등 척추동물의 측두엽 안쪽에 있는 뇌 기관으로 아몬드 모양의 신경세포 덩어리다. 정서적 반응과 기억에서 주요한 기능을 하며, 대뇌변연계의 일부다.

깊은 연민을 느낀다. 노르아드레날린은 강심작용強心作用을 하며 흥분을 전달한다.

덧붙여서 우울증에도 보상계가 관여한다. 우울증에서 나타나는 의욕상실이나 기쁨상실은 보상에 대한 감수성이 낮아진 상태다. 보상계의 균형이 깨져 의욕이 생기지 않는다. 보상으로서 신경전달물질이 나오지 않으면 인간은 움직일 수 없다. 조금 전 강화학습에 대해 말했는데, AI나 로봇도 보상설정이 잘 안되어 있으면 움직일 수 없다. 즉 움직이지 않는 것이 '최적행동'이 되어 버리는 경우가 자주 있다.

편도체는 '좋음', '싫음' 등의 감정을 통제하고 연애에도 관여한다. 인간은 이 감정을 기초로 '이 행동은 좋다, 혹은 나쁘다'고 판단해, 강화학습처럼 학습한다. 최근에는 호기심과 강화학습을 연계시키는 연구도 많이 나오고 있다. 호기심은 미지의 환경을 적극적으로 탐색하도록 하여 결과적으로 학습을 촉진한다.

소뇌小腦, cerebellum<sup>*</sup>는 '교사 있는 학습'을 한다고 알

---

* 역주-뇌를 뒤쪽에서 볼 때 대뇌의 꼬리쪽에 있는 컬리플라워 모양의 작은 기관이다. 무게는 성인이 120~140g으로 대뇌의 1/10밖에 안되지만 대뇌의 신경세포보다 압도적으로 많은데 그 수가 1,000억 개 이상이다. 소뇌의 주요한 기능은 지각과 운동기능의 통합이며 평형, 근수축, 운동조절 등을 담당한다.

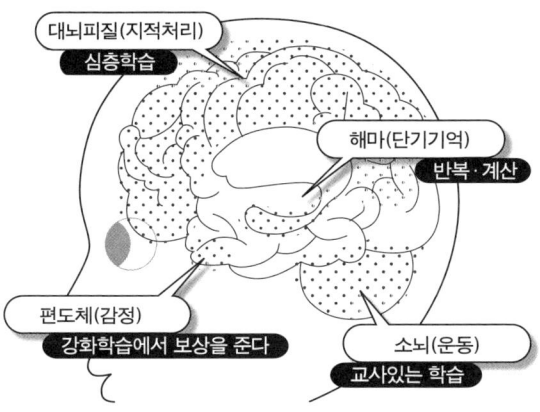

**그림 4  뇌의 부위와 AI 학습법**

려져 있다. 교사 있는 학습이란 인간이 미리 준비한 '정답'을 목표로 기계가 학습하고, 입력된 데이터에 대한 응답치를 예측하는 기계학습의 하나다. 인간은 자기 신체를 움직이는 방법을 습득해 점점 매끄럽게, 그리고 이윽고 능숙하게 움직일 수 있게 된다. 처음에는 어색하지만, 움직이는 사이에 그 움직임 자체를 교사 데이터로 하여 행동을 점점 향상시킨다.

해마海馬, hippocampus*는 수수께끼로 가득 차 있다. 다양한 기능이 있지만 주로 단기기억을 취급한다. 인간이 어

---

\*  역주–대뇌변연계의 일부이며 해마체의 일부이다. 특징적인 중층구조를 갖고 있는데, 기억과 공간학습능력을 관장하는 뇌의 부위다.

떤 단어를 말하면, 그 단어를 반복하거나 덧셈, 뺄셈을 할
수 있게 한다. 이것은 단기기억을 다루는 해마가 여러 데
이터의 처리나 조작을 능숙하게 하기 때문이다. 단어를 사
용하거나, 일반적으로 '머리로 생각한다'고 말하는 의식적
인 행위는 기본적으로 대뇌피질과 해마를 중심으로 이루
어진다.


## 단기기억과 장기기억

해마와 기억에 대해 좀 더 설명하겠다. 여기서 한 가지 게
임을 해보겠다. 적당한 숫자를 줄테니 기억해 주기 바란다.

'1532' 세 번 반복해보자.

곧 외울 수 있다고 생각하겠지만, 사실 이것은 꽤 대단
한 일이다. 왜 대단한지 구체적으로 살펴보자.

어떤 사물이 뇌에 자극을 준다. 그리고 뇌 안의 두 개
의 뉴런이 근접한 시간대에 발화—뉴런 안팎 전위차의 급격
한 변화—하면, 그 뉴런들은 연계가 강해지면서(헤브의 법칙
Hebb's Law)* 장기적으로 서서히 바뀌어 간다. 이것이 무언

---

\* 　역주-헤브의 법칙은 뇌의 시냅스 가소성 법칙으로 헤브
규칙이라고도 불리운다. 심리학자 도널드 헤브Donald Olding

가를 기억할 때 일어나는 과정이다. 그러므로 기억하는 행위에는 시간이 필요하다. 글자의 읽기, 쓰기를 배우고, 수학을 공부하는 데도 시간이 걸린다.

그런데 '1532'라는 문자열은 보면 바로 외울 수 있다. 뇌는 장기적으로 변화할 수밖에 없는데, 왜 그렇게 빨리 기억할 수 있을까? 이것은 뇌의 연계가 바뀌어서가 아니라 뇌에서 정보 흐름의 피드백 루프, 즉 '소용돌이' 상태가 바뀌기 때문이라 생각된다.

인간의 뇌 회로는 기본적으로 정보가 들어와 흘러가기 때문에 정보를 모아두는 것이 매우 어렵다. 그런데 특별하게 모아둘 수 있다. 대체로 '소용돌이'를 만들어 모아둔다. 이게 아주 신기한 일이다.

그리고 단기기억을 장기기억으로 옮기는 데도 해마가 중요한 역할을 한다. 또 말이라는 형태로 정보를 **털어냄**으로써, 보다 장기간 모아둘 수도 있다.

인류는 정보를 문자로 보존하는 방법도 발명하였다.

---

Hebb가 제창했는데, 뉴런간의 접합부인 시냅스에서 시냅스 앞의 뉴런에서 반복적으로 일어나는 발화로 시냅스 뒤의 뉴런에서도 발화가 일어나면 그 시냅스의 전달효과가 증가하고, 역으로 발화가 장기간 일어나지 않으면 그 시냅스의 전달효과는 감퇴한다는 것이다.

이것은 종種 전체가 더욱 오래도록 정보를 모아둘 수 있는 방법이다. '정보를 모아두는' 것은 인간 지능의 기능 중에서 가장 중요한 것이다.

단순히 정보를 컴퓨터에 기억시키는 것은 전혀 어려운 일이 아니다. '1532'라고 입력하면, 바로 기록된다. 데이터가 입력되면 거의 그대로 기억된다. 컴퓨터에 사용되는 반도체 속에 '0'과 '1'을 보존하는 얼개는 '플립-플롭flip-flop'*이라 불리는 루프가 바탕이 되는데, 앞에 말한 '소용돌이'도 그것에 가깝다.

게다가 반도체는 정밀하게 설계할 수 있어서 얼마든지 기억할 수 있다. 그리고 전원이 연결되어 있는 한 상태가 보존되기 때문에 잊지도 않는다. 또 전원을 끊어도 보존되는 비휘발성 메모리도 많다. 따라서 단기기억에서 장기기억으로 옮긴다는 개념 자체가 필요하지 않는다. 단기기억과 장기기억이 복잡하게 얽힌 뇌의 구조는 인간만이 지닌 특징이다.

한 번 본 영상이나 그림을 순간적으로 기억하는 '영상기억' 능력을 가진 사람들이 있다. 그러한 사람들이 존재한

---

* 역주-이진법의 기본인 1바이트의 정보를 일시적으로 '0' 혹은 '1' 상태로 보존(기억)할 수 있는 논리회로로 순서회로의 기본요소다.

다는 사실은 인간의 뇌가 성능 면에서 **영상기억을 못할 이유가 없다**는 점을 보여준다. 영상기억이 생존에 유리하다면, 한번 보면 뭐든지 기억하는 사람이 더욱 늘어날 것이다.

인간은 얻은 정보를 추상화하는 능력을 갖고 있다. 예컨대 자신이 체험한 것을 추상화할 수 있다면 다음에 일어날 다른 비슷한 사례에도 적용할 수 있다. 모든 정보를 외울 필요는 없다. 사회에서 한번 일어난 일이 그대로 동일하게 다시 반복되지는 않을 것이다. 그러므로 〈강의 1〉의 말미에 말한 대로 정보를 **털어내는** 능력—세세한 것을 잊고 추상화하는 능력— 그 자체가 인간의 뇌에서 본질적인 의미를 갖는다.


## 틀렸으면 거슬러 올라간다, 오차 역전파법의 얼개

이 책의 마지막에 설명하겠지만, 제프리 힌튼Geoffrey Everest Hinton*이라는 AI 연구자가 있다. AI나 인공신경망 연구가 전반적으로 한풀 꺾였을 때도 꿋꿋이 연구를 계속해

---

\* 역주–제프리 에버레스트 힌튼(1947~)은 영국의 컴퓨터 과학자이자 인지심리학의 연구자로 신경망 연구로 유명한데, 2013년 이후에는 구글과 토론토 대학에서 근무하고 있다.

오늘날 심층학습의 돌파구를 만들어낸 전설적인 인물이다. 힌튼도 강조하고 있지만, AI나 인공신경망 연구가 정체되어 있던 무렵에 뇌의 얼개에서 영감을 받은 알고리듬이 여러 형태로 사용되었다.

우선 인공신경망으로 학습할 때의 흐름을 설명하겠다. AI의 활용은 많은 데이터를 사용한 '학습국면'과, 학습한 결과를 사용해 새로운 데이터—아직 알려지지 않은 그림 등—를 분류하는 '추론국면'으로 나뉜다.

예를 들어 화상인식 기술로 어떤 사진 속의 그림이 고양이인지 아닌지를 판단하는 '추론국면'은 다음과 같다.

1. 그림이 입력된다.
2. 각 화소 값이 입력된다.
3. 화소 값이 입력층에서 성층화된 네트워크를 통과해, 각각의 뉴런에서 값이 계산된다.
4. 최종적으로 출력층에서 값이 계산되어 고양이인지 아닌지를 판정한다.

네트워크 사이를 잇는 선에는 각각 '무게weight'가 있어서 선의 굵기로 표현된다. 이것들을 능숙하게 작동시킴으로써 고양이인지 아닌지를 판정한다.

'학습국면'에서 이 선의 '무게'를 결정한다. 무게를 결

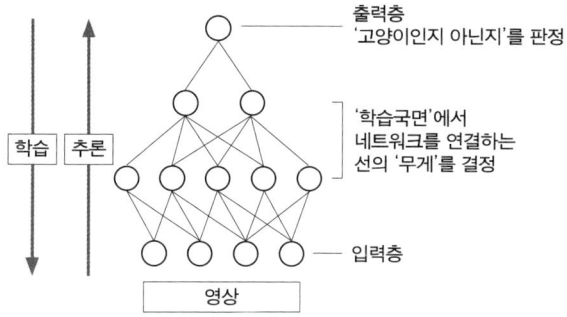

그림 5  '오차 역전파법'의 얼개

정하는 방법을 '오차 역전파법誤差逆傳播法, backpropaga-tion'*이라고 한다. 예를 들어 어떤 그림을 출력층에서 '고양이'라고 판정했는데, 그것이 틀렸다고 하자. 이 경우 그 오차—'고양이가 아니었던 것, 잘못된 것'—를 입력층으로 순차적으로 피드백한다. 그리고 피드백과 동시에 이 '무게'를 수정한다.

수학적으로 말하면 '오차 함수를 미분해서 무게를 갱

---

* 역주-오류 역전파 알고리듬이라고도 하는데, 다층 인공 신경망 학습이 사용되는 통계적 기법을 의미한다. 다층 인공 신경망은 입력층-숨은층-숨은층-출력층으로 구성되고 각층 위는 '무게값'으로 연결된다. 동일한 입력층에 대해 원하는 값이 출력되도록 개별적인 '무게'를 조정하는 방법을 사용한다. Yann LeCun, Yoshua Bengio, Geoffrey Hinton. 2015. "Deep learning." *Nature*. 521 (7553). 436-444.

신하는' 조정을 한다.

　인간의 회사조직을 예로 들어 보겠다. 그 구조를 간단히 도식화하면 일반사원은 정보를 과장에게 올리고, 과장은 부장에게 올리며, 부장은 사장에게 올린다. 그 속에서 사장은 무언가 판단을 한다. 예를 들어 그는 어떤 상품을 개발할지 판단한다.

　개발한 어떤 상품이 잘 팔리지 않았다고 하자. 사장은 상품개발을 진언한 부장에게 "자네가 말한 대로 했지만 실패하지 않았나?"라고 비난한다. 반대로 상품화를 강하게 주장하지 않은 다른 부장은 책망하지 않는다. 그리고 비난받은 부장은 자신의 아래 과장에게 "자네가 만들어야 한다고 해서 만들었는데.."하며 책임을 묻는다. 그리고 과장도 부하 직원들을 질책한다.

　요컨대 잘못된 판단을 했을 때, 사장과 그 판단근거를 제공한 부장의 관계는 약화된다. 이 부장도 마찬가지로 자신의 판단이 틀렸을 때, 그 근거를 제공한 부하직원과의 관계를 약화시킨다. 반대로 올바른 판단을 했을 때는 그 관계가 강화된다. 그 과정을 통해 이 조직은 점점 더 올바른 판단을 할 수 있게 된다.

　이것이 오차 역전파법이다. 결과가 올바랐는지 틀렸는지에 따라 '무게'를 수정하는 지시가 거슬러 올라가 앞의 뉴런에 전달된다. 이렇듯 '오차가 거슬러 전파되어 가는'

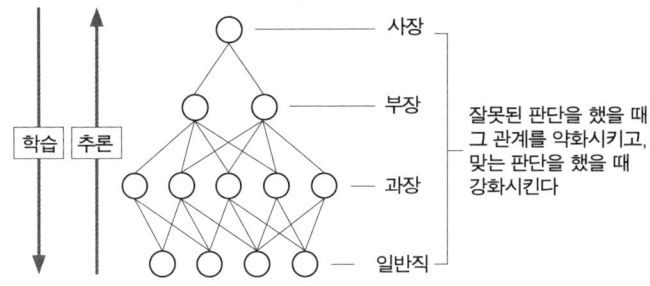

그림 6　회사조직의 이미지

알고리듬이 인공신경망, 심층학습에서 사용되고 있다.

　일단 학습이 끝나면 새로운 데이터에 대해서 얼마든지 추론을 할 수 있다. "AI는 계속 학습해가면서 똑똑해진다."고 자주 이야기되지만, '학습국면'과 '추론국면'을 동시에 진행하는 것은 간단하지 않다. 통상 '학습국면'에서 '무게'를 업데이트하려면 새로운 데이터에 정답 라벨을 붙여서, 기존의 학습 데이터에 더하여 다시 학습시켜야 한다.


## 일본인이 L와 R의 발음이 서툰 이유

AI에게 학습을 시킬 때, 인간이 해야 하는 중요한 작업으로 '하이퍼 파라미터hyper-parameter(초매개변수)'*의 설정

---

\*　역주–초매개변수란 기계학습 알고리듬의 행동을 제어하

이 있다. 하이퍼 파라미터는 학습으로 조정되는 '파라미터'보다 한층 더 상위에 있고, 원래 결정해 두어야 하는 파라미터다. 인공신경망 층의 수나 종류, 구조, 활성화 함수—시그모이드Sigmoid 함수, 소프트맥스Softmax 함수, ReLu, 항등함수 등—의 선택방법, 입력이나 출력의 설정 방법 등 여러 가지가 있다.

그 중 하나가 '학습률'이다. 기계학습이라는 학습이 이루어질 때, '무게'를 갱신하려 하는데 어느 정도의 폭으로 갱신할지 하는 것이다. 학습률은 너무 크거나 너무 작으면 안 된다. 너무 크면 처음엔 급속도로 학습이 이루어지지만 중간에 효율이 나빠져 결국 학습이 제대로 이루어지지 않는다. 너무 작으면 시간이 걸린다. 따라서 처음에는 학습률을 높게 잡지만 학습이 진행됨에 따라 점점 낮추어 가면 좋은 결과를 얻을 수 있다. 즉 학습이 잘 될 수 있다.

다소 지나친 단순화일지 모르지만, 기계의 학습률과 인간이 성장하면서 보여주는 학습률 변화는 관련이 있을 것으로 보인다. 〈강의 1〉에서 아기의 학습과정에 대해 언

는 변수다. 인공신경망 학습을 통해 최적화해야 하는 주변수가 아니라, 학습변수나 일반화변수처럼 사람들이 선험적 지식으로 설정하거나 외부 모델 메커니즘으로 자동으로 설정되는 변수를 의미한다.

급했는데, 인간도 어릴 때는 학습률이 높다. 그렇지만 성장함에 따라 점점 학습효율이 나빠진다.

예를 들어 소리를 인식하는 데 특징적인 현상이 있다. 일본인은 영어 L과 R 발음의 구별이 서툴다고 자주 지적된다. 유소년기를 영어권에서 보내면서 L과 R 발음을 일상적으로 들었다면 잘 구별할 것이다. 그러나 일본에서 자라면 원래 일본어가 L과 R을 구별해서 발음하지 않기 때문에 두 개를 구별할 수 없게 된다.

어떻게 이런 일이 생길까?

사람이 대화를 할 때 처음에 입력되는 것은 소리의 파장이다. 그것이 처리되어 음소가 되고, 또 그것이 처리되어 몇 개가 모이면 단어가 되고, 이윽고 문장이 된다. 말하자면 아래서부터 서서히 쌓여가는 구조인 것이다.

음소의 정보를 먼저 분명히 알아 두어야만 다음 학습을 할 수 있다. 따라서 일정한 연령까지 알아듣는 음소를 확실히 해둔 후 다음 학습으로 나아가야 한다. 인간은 성장하면서 그 나라의 언어를 습득해 가는데, 그 나라에서 사용하지 않는 음소를 들을 수 없는 것은 이러한 이유 때문이다.

## 과잉학습: AI가 대응할 수 없을 때

심층학습의 화상인식은 인간을 넘어서는 수준에 도달하였지만, 아직 100 %의 정답률을 보여주지는 못한다. 잘 맞추기도 하지만 실패하는 경우도 있다. 왜 그런 일이 일어날까?

입력한 그림이 '고양이'인지 아닌지를 오차 역전파법으로 반복해서 판단한다고 하자. 정답일 경우는 뉴런간의 관계를 굵게 하고, 틀릴 경우는 뉴런간의 관계를 얇게 조정한다. 이 굵기의 조정이 잘 되지 않으면 '과잉학습over-fitting'[*]이라는 현상이 일어난다. 학습 데이터에 너무 지나치게 적합화되어 그 데이터에 대한 정답률은 높지만, 다른 데이터에서는 정답률이 낮아진다. 즉 주어진 학습 데이터에만 최적화되어 버린다.

예를 들어 어떤 사람이 시험공부를 한다. 연습문제를 몇 번 풀었는데 100점을 받았다. 하지만 실전 테스트에서

---

[*]  역주-통계학과 기계학습에서 학습 데이터에 대해서 학습하는데, 새로운 데이터(테스트 데이터)에 대해서는 적합하지 않고 범용화할 수 없는 상태를 가리킨다. 이는 범용화 능력의 부족 때문에 발생하는데, 그 원인중 하나로 통계모델에 대한 적합 매개변수가 너무 많은 등, 학습 데이터에 비해 모델이 복잡하고 자유도가 지나치게 높은 것을 지적할 수 있다.

는 20점이었다. 다른 사람은 연습문제에서는 80점이었지만 실전 테스트에서는 70점이었다. 이 두 사람 중 누가 바람직한 학습을 한 것일까?

물론 두 번째 사람이다. 첫 번째 사람은 연습에서는 잘했지만 실전에는 약하다. 문제와 해답을 그대로 외워버려서, 다른 시험문제가 나오면 맞출 수가 없다. 심층학습에서도 마찬가지로 지나치게 통으로 암기해서 학습이 제대로 이루어지지 않는 상태를 '과잉학습'이라 한다. 한편 데이터를 정확하게 학습하는 능력이 부족한 경우도 있다. 이것을 '과소학습underfitting'이라고 한다.

'좋은 학습'을 위해서는 통암기가 아니라, 잘 추상화하고 핵심을 파악하여 그 핵심과 정답의 관계를 학습해가야 한다. 이것을 '일반화'라고 한다. 일반화 성능을 어떻게 향상시킬 수 있을까? '과잉학습'을 방지하려면 AI를 어떻게 학습시켜야 할까? 훈련과 실전이 같은 수준의 정밀도를 갖게 하는 것은 상당히 어렵다. 그러나 이것을 위한 심층학습 특유의 여러 방법이 있다.

예를 들어 '드롭아웃dropout'*이라는 기술이 있다. '과

---

* 역주-드롭아웃이란 구글 특허의 정규화regularization 기술로 훈련 데이터에 대한 복합적인 상호적응을 방지해 인공신경망의 과잉학습을 줄이기 위해 사용된다.

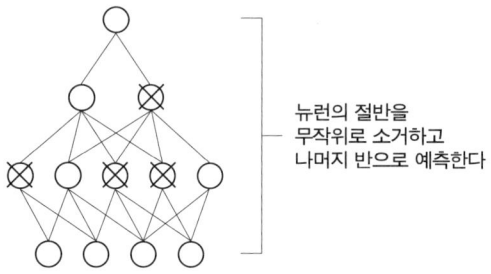

뉴런의 절반을
무작위로 소거하고
나머지 반으로 예측한다

그림 7 '드롭아웃'의 얼개

잉학습'은 요컨대 어떤 문제의 별로 중요하지 않은 측면을
지나치게 강하게 기억하는 것이다. 드롭아웃에서는 뉴런
의 절반을 무작위로 지운다. 그리고 나머지 절반을 사용해
서 AI에게 예측하도록 한다.

이 무작위 제거방법을 차례로 변화시켜간다. 그렇게
하면 특수한 특징을 집중적으로 기억하던 것이 어느 순간
사용할 수 없게 되며, 더욱 다른 부분을 기억해야만 한다.
이리하여 보다 본질적인 특징량—기계학습을 할 때의 데이터
를 나타내기 위해서 사용되는 변수—을 파악할 수 있게 된다.

'과잉학습'을 막는 방법은 그 밖에도 많이 있다. 예를
들어 고양이와 개 그림을 입력해 인식시키고자 할 때, 고
양이와 개 그림에 불필요한 정보—섭동攝動, pertubation*이

---

\* 역주-어떤 물체에 작용하는 힘 중에서 주요한 힘에 대해

나 노이즈—를 섞고 그 상황에서도 정확히 판정하도록 학습시킨다. 또 그림의 크기나 방향을 바꾸어 데이터를 늘리는—이를 '데이터 확장'이라고 한다— 기술도 자주 사용한다. 이러한 노력을 거듭해 정밀도를 높여 간다. 심층학습의 진화요인 중 하나로 이러한 섬세한 방법들의 축적을 들 수 있다.


## 뇌의 수수께끼와 AI의 진화

인간의 뇌에서 오차 역전파법과 같은 현상은 발견되지 않는다. 그런 일은 일어날리 없다는 주장이 오랫동안 있어왔다. 반면 오차 역전파법과 비슷한 현상이 존재한다는 연구자도 있다. 이러한 시스템을 익숙하게 사용하지 않으면 인간도 학습할 수 없다. 때문에 완전히 같지는 않더라도 어느 정도 비슷한 얼개가 반드시 작동할 것이라는 것이다.

하지만 아직 결론이 내려지지는 않았다. AI뿐 아니라 컴퓨터는 기본적으로 '0'이나 '1'로 정보를 처리하지만, 뇌도 마찬가지로 '0'과 '1'로 정보를 처리하는지 해명되지 않았다.

---

부수적인 작은 힘을 가리킨다. 태양의 인력에 의한 혹성의 타원궤도에 갭을 만드는 다른 혹성의 인력 등을 가리킨다.

뇌의 신경회로는 각각의 뉴런이 발화함으로써 정보를 전달한다. '발화한 상태'와 '발화하지 않은 상태'가 있는데 얼핏 '0'과 '1'처럼 보인다.

그러나 이 '0'과 '1'의 상태도 말끔히 둘로 나뉘는 것은 아니다. 가령 "다다다다"라고 발화하는 경우와 "다·다·다·다"라고 발화하는 경우가 있는데, 이 두 가지는 요컨대 빈도가 다르다. 이 '스파이크 타이밍'이 절묘하게 여러 처리를 할 가능성이 높기 때문에, '0'과 '1'이 아니라 연속 값을 전달하는 것처럼 보인다.

앞에서 설명한 것처럼 인공신경망 연구는 뇌의 구조를 모방한 모델을 만들기 위해 시작되었다. 거칠게 말하자면 "원리를 정확히 파악하면 뇌가 할 수 있는 일을 인공신경망도 할 수 있다."는 논리다.

그러나 지금 인공신경망과 뇌는 상당히 동떨어져 있다. 인공신경망을 구성하는 층위의 수도 매우 많고, 입력된 데이터가 출력되는 과정에서 큰 의미를 가지는 활성화 함수도 이미 뉴런의 활동과는 관계가 없으며, 보다 단순한 성질을 갖고 있다. 그래서 단순히 "인공신경망은 ○○다, 다른 한편 뇌는 ○○다."와 같이 비교해서 설명하기는 어렵다.

비유하자면 뇌와 AI의 관계는 새와 비행기의 관계를 닮아 있다. 비행기의 개발은 새를 모방하는 것에서 시작되었다. 그렇지만 새가 하늘을 나는 얼개를 추상화해 엔진으로 추진력을 만들고, 그것을 날개에 전달해 양력으로 변화시키게 되었다. 지금 새와 비행기를 동렬에 놓고 설명하는 경우는 거의 없다. 그와 마찬가지로 뇌를 모방하기 위한 문제의식에서 시작된 심층학습은 현재 상당히 수리적, 추상적인 모델로 거듭나고 있다.

그래서 나는 심층학습을 깊은 인공신경망을 사용한 기술이라고 설명하기보다—〈강의 1〉에서는 그렇게 말했지만—, '깊은 함수'를 사용한 기술이라고 설명하고자 한다.


## 세계나 뇌는 계층구조로 되어있다

심층학습이 등장하기 전에 기계학습의 모델은 기본적으로 '얕은' 것이 대부분이었다. '얕다'는 것은 기본적으로 계층이 한층 밖에 없었다는 것이다. 그런데 지금은 다층적인 모델로 나아가고 있다.

그렇다면 층이 겹쳐져 깊어지면 왜 좋을까?

이 의문에 대한 일반적인 답변은 '표현력이 높기' 때문이다. 입력층과 출력층 사이의 각층에서, 네트워크들은 새로운 표현을 만들고 데이터를 변환하므로 층수가 많아지면 표현력도 높아진다.

화상인식에서 '고양이인지'를 식별하기 위한 '고양이 함수'를 만든다고 하자. 실제로 그림을 학습시키는 단계에서 방대한 수의 변수가 필요하다. 심층학습은 중간적인 함수를 끼워서 숨은층을 세층, 네층으로 깊게 만듦으로써 적은 파라미터로도 표현력을 높이고 효율적으로 학습할 수 있게 된다.

　　요리도 소재를 한 번만 손질하면 단순한 요리만이 나올 것이다. 한편 여러 번 손질하면, 요리에도 다양한 변이가 생길 것이다. 심층학습도 똑 같다.

　　층위가 겹쳐지고 깊어지면 왜 좋은가? 공학적인 설명보다는, 굳이 인간 존재에 비추어 설명하자면 우리가 사는 세계 그 자체가 계층적이기 때문이다.

　　예컨대 고양이의 얼굴은 눈과 코와 수염 등으로 이루어져 있다. 그 중에 수염은 몇 가닥의 선으로 되어 있다. 이와 마찬가지로 이 세상의 수많은 것들이 계층구조다. 말은 음소가 모여서 단어가 되고, 단어가 모여서 문장이 되며, 문장이 모여서 글이 된다. 회사와 같은 조직도 부분이 모여서 전체를 구성하고 있다. 그래서 AI의 학습법에도 계층구조를 도입하는 것이 바람직하다.

　　단순하게 '층'이라는 말을 사용했지만, 인간 뇌의 계층성과 심층학습의 계층성을 단순하게 비교할 수 없다는 점도 지적해 두어야겠다.

가령 뇌의 일차 시각피질은 기능이 다른 여섯 개의 층으로 나뉜다. 이 '층들'은 심층학습의 층보다도 복잡한 처리를 한다. 그 기능단위는 아직 알려져 있지 않다.

또 대뇌피질은 얇은 여섯 개의 층으로 구성되어 있다. 통계학에서 말하는 베이지언 추론Bayesian inference*과 같은 활동을 전반적으로 하고 있다는 주장이 있다. 간단히 말하면 주어진 데이터가 불충분해도 어떻게든 답을 도출한다. 그리고 뭔가 새로운 데이터를 얻을 때마다 그 확률을 업데이트 한다.

나아가 뇌 안에는 수만 개의 뉴런이 '원기둥'을 이루고 있는데, 이것이 하나의 기능단위가 된다. 그것과 힌튼이 제안한 '캡슐 네트워크Capsule Network'**—어디서 정보를

---

\* 역주–베이지언 확률의 사고방식에 기초해 관측 사물(관측된 사실)에서 추정하고 싶은 사물(그 기원인 원인사물)을 확률적인 의미에서 추론하는 것을 가리킨다. 베이지언 정리가 기본적인 방법론으로 이용되어 이름의 유래가 되고 있는데, 통계학에 응용되어 베이지언 통계학의 대표적인 방법이 되고 있다.

\*\* 역주–캡슐네트워크는 심층학습계의 대부라고 할 수 있는 제프리 힌튼이 「캡슐간의 역동적 경로설정Dynamic Routing Between Capsules」라는 논문에서 제안한 새로운 인공신경망 모델로 CNN의 결점을 보완한 모델이다. Geoffrey E. Hinton, Sara

듣고 어디에서 말을 할지, 뉴런보다 큰 기능을 가진 '캡슐'을 기능단위로 하는 심층학습의 신기술로 종래의 인공신경망과는 상당히 성질이 다르다—가 비슷하다는 느낌도 든다. 그러나 그렇게 단언해버리면 다소 졸속적인 결론으로 귀착할 수도 있다.

## AI는 '의식'을 가질 수 있을까?

뇌와 AI를 단순하게 비교하는 것은 적절하지 않다 해도, AI와 관련하여 사람들의 흥미를 끌어온 이야기가 있다. 그것은 AI가 '의식'이나 '마음'을 갖도록 할 수 있을까 하는 것이다.

사고실험 '중국어의 방'을 고안한 존 설은 AI를 '강한 AI'와 '약한 AI'로 분류하고, "강한 AI라면 컴퓨터는 단순한 도구가 아니다. 올바르게 프로그램 된 컴퓨터에는 정신이 깃든다."고 말한다.[*]

Sabour, Nicholas Frosst. 2017. "Dynamic Routing Between Capsules." The 31st Conference on Neural Information Processing Systems (NIPS 2017). Long Beach, CA, USA.

[*]  저자주-John R. Searle. 1980. "Minds, Brains, and Programs." *Behavioral and Brain Sciences*. 3. 3. September. 417-424.

올바르게 프로그램 된 컴퓨터에는 정신이 깃든다. 환언하자면 컴퓨터가 자신과 타자를 '나눌 수' 있음을 의미하기도 한다.

이것은 실현된다고 해도 꽤나 먼 미래의 일일 것이라고 생각한다. 그러나 가령 AI가 '의식'을 가지려면 무엇이 필요할까?

이를 위해서는 AI가 〈강의 1〉에서 설명했던 '기호접지문제'를 해결해야 한다. 기호를 이해함으로써 '다양한 상황을 상상할 수 있게' 된다.

'다양한 상황을 상상할 수 있다'면 그것은 자신조차도 참조할 수 있게 된다. '자신'도 추상적으로 파악할 수 있는 것이다. 이것은 '의식이 있다'고 말해도 좋은 상태로서, 거기에서는 일정한 종류의 재귀성이 발생한다.

"자신이 의식하는 자신은, 다시 스스로를 의식하고 있다." 이러한 재귀적인 구조를 의식이 갖고 있다. 양면 거울에 고개를 넣어 들여다보면 거울 속에 자신이 무한히 비추어지는 모습을 볼 수 있다. 이 '양면 거울을 들여다본 느낌'이 사람이 느끼는 의식의 감각, 즉 '자의식'이 아닐까 생각한다.

그런데 '마음'은 어떤가? AI가 '마음'을 획득하는 것은 '의식'보다도 더욱 어려울 것이다. 애당초 '마음'이 무엇인지 그 이해방법도 사람마다 제 각각이다. 여기에서는 내

나름대로 '마음'에 대해 논해 보겠다.

우리가 '마음'이라고 하면, '의식' 뿐만 아니라 사회적인 요소도 더해진다. 인간은 사회적인 동물이다. 간단히 말하면 모두가 모여 협력하는 동물이다. 다른 동물들에 비해 힘도 약하고 엄니나 날카로운 발톱도 없어서, 산, 바다, 정글에서는 맥없이 질 수밖에 없다.

하지만 인간은 협력함으로써 동물 중에서 가장 강해졌다. 어려운 사람을 돕는 것도 종으로서의 힘을 발휘하는데 중요한 의미를 가진다. '마음'은 집단에 필요한 사회성으로부터 생겼다고 해도 과언이 아니다.

여러 연구나 설이 있어 단정할 수는 없지만, 일반적으로 침팬지는 인간과 동일한 방식으로 상대의 마음을 읽지 않는다고 한다. 예컨대 내가 떨어진 곳에 놓여있는 차를 마시고 싶다고 하자. 내가 팔을 뻗으면 차 바로 옆에 있는 사람이 그 차를 가져다준다. 그러나 침팬지는 그렇게 하지 않을 것이다.

인간은 내가 **차를 마시고 싶다고 생각하고 있구나 하고 생각하기 때문에** 가져다 준다. 나의 '마음'을 읽고 움직여 준다.

상대에게 무언가 의사가 있다, 자신과 같은 감각을 가지고 있다. 이것은 일종의 가정이다. '마음'을 가지고 있다고 가정하고, "그 사람은 무엇을 생각하고 있을까, 무엇을 하려고 하는가?"하고 생각한다. 그럼으로써 그 사람을 돕거나 방해할 수 있다.

사회에는 '약속'이라는 규칙이 있다. 이것은 '내가 상대에게 무언가 해 주었으니까, 반대로 내가 곤란에 직면했을 때에 도와 줄 것이다'는 기대에 기반해 있다. 여기서부터 빌리고 빌려주는 것을 기초로 한 계약이라는 개념이 등장한다.

내가 어떤 사람에게 만원을 빌리고 "내일 갚을 게요."라고 말했다고 하자. 다음날 "그것을 말한 것은 어제의 나였지, 지금의 나는 아니다."고 말하면서 돈을 갚지 않는다면 어떻게 될까? 나와 그 사람의 관계는 깨질 것이며, 모두가 그런 짓을 한다면 사회는 파탄에 이르게 될 것이다.

'과거의 자신과 지금의 자신은 동일하며, 나는 두 사람이 아니다'는 가정이 분명해야 사회는 성립될 수 있다. 타자가 볼 때 '마음'은 수미일관하고 예측 가능해야 한다.

'상보성'이라고 하는데, '상대가 자신에게 이것을 해 주었으니까 자신도 상대에게 이것을 해 주어야 한다'는 마음이 개인들에게 있다. 그래서 사회생활이 보다 원활하게 이루어질 수 있다고 생각한다. 만약 그렇다고 하면, 사회적인 생물이 아닌 AI는 과거를 추상화한 자신의 개념은 가질 수 있다고 해도, 일관된 자기의 감각인 '마음'을 갖기는 어려울 것이다.

## 연애는 사람의 '목적함수'를 규정한다

남성 로봇과 여성 로봇을 만든다고 하자. 예를 들면 남성 로봇이 여성 로봇을 좋아하고, 여성 로봇이 남성 로봇을 좋아하도록 프로그램을 할 수는 있다. 하지만 그게 과연 우리가 생각하는 '사랑'일까? 그렇지는 않을 것이다.

나는 AI가 감정을 가지는 것 자체가 있을 수 없다고 생각한다. 사람의 감정을 인식할 수는 있다. 예를 들어 희로애락을 표정 인식으로 읽어낼 수 있고, 그에 따라 '활동'을 변화시킬 수는 있다. 그러나 감정이나 본능이 자기보존이라는 생명의 목적에서 유래한 것이라고 보면, 원래 생명체가 아닌 AI가 본질적인 의미의 감정을 가질 수는 없다.

인간의 본능이나 감정은 진화 과정에서 유리하도록 여러 가지로 짜여 있다. 우리가 음식을 먹고 '맛있다'고 느끼는 것은 자신의 생존에 도움이 되기 때문이다. 썩은 것을 '역겹다'고 느끼는 것은 위험하기 때문에 먹지 않기 위해서다.

'인간의 생존에 좋은 것'을 기쁘게 느끼고 '인간의 생존에 나쁜 것'을 슬프게 느낀다. 나는 맛있는 것을 먹는 것을 좋아하는데, 맛있는 것을 먹으면서 "아, 맛있게 느끼도록 구조화되어 있구나."하고 생각한다.

이것을 공학적인 말로 설명하자면 "목적함수를 규정하

고 있다."고 한다. '이것을 하면 좋다', '이런 일은 하면 나쁘다'는 평가 축을 제공하기 때문이다.

예를 들어 연애나 임신, 출산 등 생물로서 매우 중요한 생애의 사건을 경험하면, 우리 안에서 평가 축이 바뀐다. 다만 평가 축이 변하는 것은 본래 생물에게는 꽤 위험한 일이다. 지금껏 변화되기 전의 평가 축에 따라 학습하고 여러 행동을 해왔는데, 평가 축이 갑자기 변해버리니까 말이다. 지금까지 학습한 것이 쓸모없게 되거나, 지금까지 해온 것이 더 이상 바람직하지 않다면, 위험이 뒤따를 수 있다.

하지만 사실 그런 변화는 필요하기 때문에 일어난다. 연애는 인간의 문화 속에서 매우 큰 지위를 점하고 있다. 누군가를 좋아하게 되면 그 사람이 좋아하는 것을 자신도 좋아하게 된다. 평가 축과 함께 행동과 사고가 변화하기 때문이다. 그러므로 자신들 안에서 여러 모순이 발생하고, 보통은 하지 않을 행동을 해버리기도 한다. 그것이 AI와 다른 인간만의 재미있는 모습이기도 하다.


## 진화와 학습의 차이

이렇게 생각하면 우리가 '마음'이라고 부르는 것이나, 인간의 본능과 감정이라고 하는 것들의 상당히 많은 부분들이 진화에서 유래한다는 결론에 이른다. 진화에서 유래하는 생물의 특징은 학습 등 지능의 얼개와는 달리 상당한 '정성'이 필요하기 때문에, AI나 로봇에 채워 넣기가 매우 어렵다. 비슷하게 보이게는 할 수 있지만, 진정한 의미의 '마음'을 가지려면 진화 과정을 거쳐야만 한다.

지구가 탄생한지 약 46억 년이 되었다. 이 긴 세월 속에서 90% 정도의 생물이 멸종할 정도의 큰 환경 변화가 몇 번 있었다. 공룡이 멸종한 백악기말이 유명하지만, 그 이전에도 대규모 멸종사태가 네 번 있었고, 세세한 것은 헤아릴 수 없을 정도로 많았다. 그러나 인간을 비롯한 생물은 그것을 극복하고 지금까지 생존하고 있다.

그럴 수 있었던 것은 크게 보아 진화와 학습 때문이었다.

진화는 적자생존의 법칙에 따르지만, 생물 전체에 공통된다. 환경에 잘 적응하는 것이 살아남는다.

밝은 곳을 싫어하는 심해어와 같은 생물이 있다. 그 생물이 빛이 적은 환경에 적응해 살아남았다, 즉 진화한 결과인 것이다. 한편 동일한 일이 학습으로도 실현될 수 있다. 밝은 곳에 갔을 때 나쁜 일이 많이 생기면, 밝은 곳을 싫어하도록 학습한다.

그럼 진화와 학습의 차이는 대체 무엇일까? 어떤 경우에 능력, 특성, 성질을 진화로 획득하고, 어떤 경우에 학습으로 획득할까?

일반적으로 학습에는 생물적인 비용이 들어간다. 뇌나 신경회로를 정성들여 만들어 넣어야 한다. 따라서 환경이 변하지 않는 상황에서는 진화가 촉진되고―즉 유전자에 기록되어 내장되고―, 다른 한편 환경이 변하는 상황에서는 대응을 위해서 학습할 필요가 생긴다. 인간은 다른 생물보다 학습에 무게를 둔 생물이라고 생각한다.

인간은 사회를 만들고 스스로 환경 자체도 변화시키는 일을 계속해 왔다. 예를 들면 사회 환경에 적합하도록 교육제도를 변화시킴으로써, 그 시대에 맞는 다른 유형의 인간을 탄생시키고 있다. 인간은 환경 변화에 대해서 대단히 유연한 시스템을 갖고 있다.

어떤 생물이라도 개체와 종이 살아남기 위해서 여러 노력을 하고 있다. 인간은 데이터―과거의 경험―를 기초로 학습해서 얻은 지능을 도구로 사용하는데, 그것을 어느 생물보다도 생존에 잘 이용하고 있다.

AI는 이 지능이라는 도구를 컴퓨터로 재현하려는 시도다. 그러나 어느 정도 로봇으로서의 신체성을 가진다 해도 진화의 도태과정을 경험할 수는 없다. 인간과 AI는 완전히 다른 존재인 것이다.

## 인간은 본능이 있고 학습도 하는 동물

AI의 개발 목적은 여러 가지를 생각할 수 있지만, 그 하나가 "지능이라는 존재를 바싹 따라잡겠다."는 생각이다.

인간의 지능은 도대체 어떻게 구성되어 있는가?
지능을 공학적으로 만들 수 있는가?

뇌 과학자는 뇌의 구조를 분석함으로써 지능에 접근하지만, AI 연구자는 지능을 만들어가면서 이해해 간다.

나는 인간이 크게 학습과 생물학상의 진화라는 두 요소로 구성되고 있다고 생각한다.

당연한 말이지만 많은 새는 날 수 있다. 새에게 '나는' 행위는 아침이면 짹짹 거리고 둥지를 짓고 아기 새를 기르는 것과 마찬가지로, 생존을 위해 중요한 기능중 하나다. 생물로서의 진화과정에서 그러한 본능을 갖게 되었기 때문이다.

인간의 경우, 지능을 구사해 많은 데이터 속에서 빠른 속도로 학습함으로써, 다른 동물보다 압도적인 강도로 생존을 위한 힘을 갖게 되었다. 그러나 생물로서의 진화에서 유래하는 감정이나 본능은 그것과 별도로 존재한다. 나는 현재 사회의 법률, 행동규범, 윤리관, 도덕 등이 그러한 감정이나 본능에서 생겼다고 본다.

'지능이라는 존재를 바싹 따라잡고 싶어 하는' 연구자들의 핵심적 목적은 '인간의 가장 강력한 무기인 지능의 체계를 이해함'과 동시에, '지능 이외에 인간의 인간성도 이해하는 것'으로 모아진다.

::

## 강의 3
# AI는 예술작품을
# 만들어 낼 수 있는가?

2016년 AI가 각본의 일부를 직접 다룬 장편영화를 제작하는 기획이 이루어졌다. 기본적으로는 인간과의 공동 작업으로 AI를 활용해 구성과 줄거리를 만들었다고 한다.

영화 제목은 《불가능한 일들*Impossible Things*》. 공포영화로 AI가 만들었다는 예고편도 공개했다. "아주 잘 만들어졌다."고 할 정도는 아니었지만, 나름대로 수준은 있었다. 아무것도 모르는 사람이 보면 AI가 만든 것이라고 생각하지 않았을 것이다. 요즘에 나는 AI가 만들었다는 다른 영화의 예고편을 보고 있다.

그런데 이번 작품의 주제는 '발상'이다.

오늘날 다양한 장르의 예술작품을 만들거나, 혹은 지금까지는 인간만이 할 수 있다고 생각되던 창작 현장에서

AI 기술이 사용되고 있다. 과연 그것들은 진정한 의미에서 창조적인 것이라 할 수 있을까? 여기서는 창조성이 대체 무엇인지 생각해 보겠다.


## AI는 어떻게 그림을 그릴까?

최근에는 Google의 '오토 드로우'를 비롯해 심층학습을 이용한 그림 그리기 도구가 많이 발표되었다. 모니터 위에서 그림을 그리기 시작하면, 도중에 자동으로 그림을 완성해 준다.

이것은 몇 년 전까지만 해도 불가능했다. 화상에서 높은 수준으로 특징량을 추출할 수 있게 됨으로써 탄생한 기술이다.

예를 들어 '사람의 얼굴'을 그리려면, 얼굴의 윤곽이 있고, 눈썹이 있고, 눈이 있고...등등의 사실을 추상화한 다음 인공신경망으로 학습시킨다. 그러면 '이런 선을 그은 사람은 다음에 이것을 그릴 것이다'고 예측할 수 있다.

그 얼개를 약간 자세히 설명해보겠다.

AI는 사람 얼굴을 픽셀의 집합이라고 파악한다. 그리고 픽셀의 집합에 있는 패턴을 찾아내고, 더 나아가 그 '패턴 속의 패턴'을 찾아낸다. 그림을 그릴 때도 이를 기초로 픽셀의 패턴을 재현한다.

모니터 위에 고양이 그림을 그리려고 한다. 고양이를 중간정도까지 그리면, 그 그림이 분석된다. 그래서 픽셀 정보를 기초로 여러 특징량이 추출된다. 다음으로 보다 고

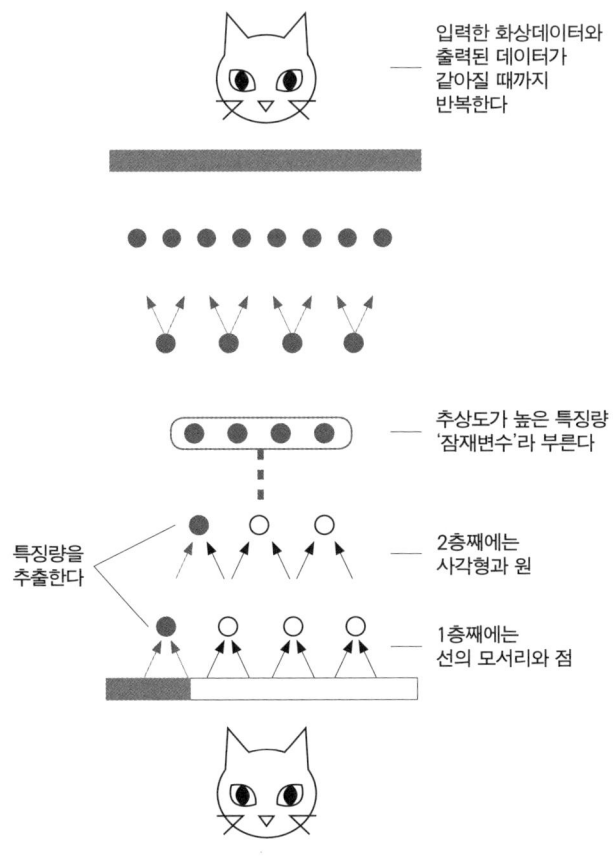

입력한 화상데이터와
출력된 데이터가
같아질 때까지
반복한다

추상도가 높은 특징량
'잠재변수'라 부른다

특징량을
추출한다

2층째에는
사각형과 원

1층째에는
선의 모서리와 점

그림 8   심층생성모델의 얼개

차의 특징량이 계층적으로 추출된다.

첫 번째 층에서는 그려진 선의 모서리와 점이 인식된다. 두 번째 층에서는 예를 들면 그것이 합쳐진 '사각형', '원'이 인식된다. 그것이 더욱 고차적으로 나아가면, '고양이'라고 인식된다. 최종적으로 추상도가 높은 특징량에 이른 단계에서, 이번에는 이것을 되돌린다. 이리하여 아직 그려지지 않은 부분에 그려져야 할 것을 생성시킨다. 즉 계속되는 부분을 그리는 것이다.

학습단계에서는 입력한 그림 데이터와 출력되는 그림 데이터가 일치하도록 그 망을 여러 차례 반복 수정한다.

이것은 심층학습을 이용해 그림을 그리는 것인데, '심층생성모델'이라 부른다. 이 심층생성모델을 통해 학습할 때 보통 수만 장 이상의 그림이 필요하다. 삽화의 경우에는 Google 검색 엔진으로 추출한 고양이 삽화 그림을 데이터로 사용한다. 인터넷상의 데이터들과 연계한 학습도 많이 이루어지고 있다.

## AI가 가장 잘하는 예술은 회화?

'창의성이란 무엇인가'를 되묻게 하는 심층생성모델의 활용사례는 그 밖에도 많이 있다.

밑그림 자동 채색서비스인 '페인트 체이너PaintsChain-
er[*]'도 중요한 사례다. 밑그림을 업로드하면 자동으로 채
색해 준다. 색칠해진 그림을 흑백으로 만들 수는 있어도,
색을 입히는 것은 어려운 일이다. 밑그림이나 흑백 그림보
다 채색된 그림에 필요한 정보량이 늘어나기 때문이다. 그
런데 그것이 어떻게 가능해 졌을까?

원래 인간이 밑그림에 채색을 할 수 있는 것은 '이런 밑
그림에는 이런 색이 입혀지는 것이 보통'이라고 알고 있기
때문이다. 즉 많은 데이터들을 통해 학습하였기 때문이다.
중요한 것은 다른 데이터들에서 정보를 보충하는 것이다.

AI도 이와 마찬가지로 많은 그림들을 학습함으로써,
밑그림에 '그에 합당한 가장 있을 법한 색'을 칠할 수 있게
된다. 여기서도 화상인식에 중요한 특징량을 파악하는 기
술이 핵심적인 역할을 한다.

다음은 Google이 2015년에 공개한 AI 그림을 중심으
로 설명해보겠다. 인공신경망으로 그림을 그린 것이다.

요컨대 이 그림은 성城을 모티브로 한 그림인데, 여러
장소에 동물들이 있고, 위편에 항아리 같은 것이 그려져

---

[*]    역주-페인트 체이너는 일본의 프리퍼드 네트워크Preferred
Networks의 심층학습으로 학습하여, 밑그림에 자동으로 채색
해주는 프로그램이다.

있다. 단순한 성 그림이라고 한다면, 본래 있을 수 없는 장소에 있을 수 없는 것들이 그려져 있다. 인간이라고 쳐도 벽 모양이 사람의 얼굴로 보일 수 있다. 한눈에 그렇게 보이지 않는다고 해도, '사람의 얼굴'이라 생각하고 보면 사람의 얼굴로 보인다.

꿈속에서는 현실에서 일어날 수 없는 당치도 않는 일이 일어난다. 어떤 것이 새처럼 보이다가 다음 순간에 실제로 새가 되어 하늘을 날고 있다. Google의 이 기술은 우리가 꾸는 꿈과 비슷한 것을 만들어 낸다는 의미로 '딥 드림'*이라 부른다.

이 '딥 드림'은 심층학습 기술을 응용해 만들어졌지만, 인간의 인식과정에 대한 이해를 심화하는데 상당한 시사를 줄 것으로 보인다. 정신과 의사와 이야기를 나누어보면, 어떤 종류의 조현증 환자들도 비슷한 그림을 그린다고 한다. 물론 딥 드림의 작품이 과연 예술인지 생각해 보는 것도 재미있는 일일 것이다.

---

* 역주-딥 드림은 구글의 인공지능의 하나로 "예술가처럼 그림을 그린다."는 취지의 프로그램이다. 인공신경망 기반의 컴퓨터 학습방식인 심층학습 기술을 시각이미지에 적용한 기술로 "마치 꿈을 꾸듯 추상적인 이미지를 만든다."고 해서 딥 드림이라 불리운다.

그리고 AI로 만든 '예술작품'을 또 하나 소개하겠다.

2016년 17세기의 저명한 화가 렘브란트Harmenszoon van Rijn Rembrandt의 '신작'이 발표되었다. 이 그림은 네덜란드의 마우리츠하위스Mauritshuis 미술관*과 렘브란트하위스Rembrandthauis 미술관**, 그리고 마이크로소프트 등이 공동으로 추진한 '넥

그림 9　렘브란트의 필치와 스타일을 학습시켜 탄생한 작품

---

* 역주-마우리츠하위스는 네덜란드 헤이그에 있는 미술관으로 1820년 헤이그 국립미술관의 콜렉션을 모태로 개관했는데 많지 않은 소장품의 대분이 명작으로 알려져 있으며, 특히 렘브란트의『투르프박사의 해부학 강의』, 안페르메이르의『델프트의 조망』등이 유명하다.

** 역주-렘브란트하위스는 네덜란드 암스테르담에 있는 미술관으로, 원래는 렘브란트가 1639년부터 1660년까지 살았던 집이었다. 1911년 이후 렘브란트 미술관으로 렘브란트 및 그 제자들의 미술품이 전시되고 있다.

스트 램브란트'프로젝트의 결과물이다. 3D프린터로 그려져서 물감으로 인한 표면의 요철도 잘 표현되어 있다.

AI가 렘브란트의 모든 작품을 픽셀 단위로 분석하여, 그의 필치로 보이는 특징적인 패턴을 익혀서 렘브란트의 그림과 흡사한 작품을 만들어낸 것이다.

우선 AI는 어떤 곳에 어떠한 색이 배치되어 있는지를 익힌다. 다음으로 어느 곳의 어떤 색과 다른 곳의 어떤 색이 함께 자주 등장하는지, 또 어떤 특징과 어떤 특징이 함께 등장하는지, 즉 화가의 '스타일'을 익힌다. 개발 담당자에 의하면, 통계적으로 보아 같은 색의 배치 패턴이 반복적으로 나타나기 때문에 AI가 그것을 파악한다.

그리하여 '렘브란트의 그림은 이런 특징량이 이렇게 조합되어 이렇게 나타난다'고 AI는 학습한다. 그 AI에게 "중년남자의 그림을 그려라."라고 지시한다. 구체적으로는 '중년남자의 개념'에 해당하는 조건을 주고, 그것을 충족시키면서 서서히 그림이 구체화되도록 계산한다. 그 때 렘브란트와 같은 특징 간의 상관성이 발생하도록 화상을 생성시킨다. 그 결과 마치 렘브란트가 그린 것과 흡사한 그림이 탄생하게 된다.

## '배우는 것'과 '모방하는 것'

'넥스트 렘브란트'도 제작과정에서 엄청나게 많은 실패가 있었을 것이다. 프로그램에 사용된 난수亂數, random value[*]가 바뀌면 다른 작품이 생길 수 있다. 그래서 '하이퍼 파라미터'와 조건을 변화시키면서 시행착오를 반복해 여러 작품을 만들고 그 중에서 가장 잘 만들어진 한 장을 발표했을 것이다.

그래도 종래의 기술로는 AI에게 이 정도의 그림을 데이터에 기초해 그리게 할 수는 없었다. 이것은 대단히 커다란 진전이다.

지금은 같은 기술로 작곡도 할 수 있다. 예를 들면 사잔 올 스타즈サザンオールスターズ, Southern All Stars의 구와타 게이스케桑田佳祐[**]의 음악 데이터를 많이 입력하여 구와타가 직접 만든 것 같은 새로운 곡을 만드는 기술이 등

---

[*]　역주-난수열은 불규칙한random 수열을 가리킨다. 수학적으로 설명하자면, 전개되는 수열 $X_1, X_2, ..., X_n$으로부터 다음 수열 값 $X_{n+1}$이 예측될 수 없는 수열이며, 난수열의 각요소를 난수라고 한다.

[**]　역주-구와타 게이스케(1956~)는 일본의 대표적 작곡가이자 사잔 올스타즈의 리드 보컬이다.

장하였다.

보통 그것이 구와타의 신곡인지 물으면, "아니, 흉내낸 것뿐이다."라고 해야 할 것이다. 하지만 반대로 인간 자신이 어떻게 성장했는지를 생각해 보자. 태어난 이래 계속 모방하면서 살아오지 않았던가?

'배운다'는 말은 '모방한다'는 말과 같은 출발점을 갖고 있다. 모방하면서 그 방법에 점점 익숙해진다던지, 어떤 모방 방법과 다른 방법을 융합해 제3의 모방 방법을 개발한다던지 하는 일을 우리는 매일 하고 있다. 그렇게 보면 "모방하는 것도 좋지 않은가?"하고 생각할 수도 있다.

모방하더라도 무엇을 모방할지 생각하는 것 자체가 대단히 중요하고 어려운 과정이다. 추상화란 대상에서 주목해야 할 요소를 추출하고 지엽적인 것은 무시하는 것이다. 모방하는—즉 배우는— 행위도 추상화에 해당한다. 추상화를 하여 그때그때 적절한 조건에 맞추어 구체화한다.

선행했던 구체적인 사례를 어떻게 추상화해서 모방할 것인지, 어떤 추상화 방법을 선택할 것인지를 결정하는 것은 쉽지 않다. 심층학습으로 그림을 그리게 되었다는 사실은 이제 컴퓨터가 추상화를 할 수 있게 되었음을 의미한다.

## AI시대의 저작권

이렇게 기술이 진보하면, 예컨대 만화가 후지코 F. 후지오 藤子 F. 不二雄*와 같은 그림을 그릴 수도 있다. 물론 현시점에서 칸 나누기나 스토리 구성까지 생각하는 것은 어렵지만, 그럴싸한 만화풍 그림은 그릴 수 있다. 그러면 만화작품의 제작방법이 획기적으로 바뀔 가능성도 있다.

AI를 이용해 아주 쉽게 작품을 만들 수 있는 시대가 되면, 제작자가 하는 일이 과연 창조하는 일일까? 새로운 그림도 과거 수많은 데이터들의 '모방'을 조합한 것이라고 한다면, 그것을 그리는 일이 정말로 창조적인 일일까?

저작권 문제도 있다. 원래 높은 수준의 AI기술이 실현되면 수많은 작품을 대량으로, 그것도 빠른 속도로 만들어 낼 수 있을 것이다. 따라서 그러한 작품들까지도 저작권을 보호할 필요가 있을까 하는 문제가 생긴다.

지금까지 저작권에 대한 기본적인 사고를 간단하게 말

* 역주-후지코 F. 후지오(1933~1996)는 일본의 만화가, 극작가로 본명은 후지모토 히로시藤本弘다. 후지코 후지오A와 함께 '후지코 후지오' 콤비로 수많은 작품을 발표했는데, 어린이 만화의 새로운 시대를 열었다. 대표작은 『도라에몽』, 『파망』, 『에스파마미』, 『21에몽』 등이 있다.

하면, '노력한 사람의 권리를 보호해주자'는 것이다. AI시대에 적합한 저작권에 대한 새로운 이해방법이 필요하다.

어떤 만화가 있는데 그 데이터를 AI에게 학습시켜 새로운 만화를 만들었다고 하자. 이 새 만화의 권리는 누구의 것인가? 현재의 법해석으로는 기계학습이나 심층학습으로 학습시킨 데이터는 통계 데이터이기 때문에 저작권이 없다. 따라서 새로 만들어진 만화는 저작권의 보호대상이라고 할 수는 없다.

이것은 언뜻 이상하게 느껴질 수 있다. 그러나 생각해보면 원래 인간인 작가도 여러 만화를 읽고 학습하고 있다. 자신은 잊었더라도, 과연 자신의 작품이 과거 다른 작품들의 조합이 아니라고 확언할 수 있을까? 그렇게 본다면 창조성의 의미 그 자체가 재검토될 필요가 있다.

## 원숭이와 셰익스피어

여기서 '무한 원숭이 정리Infinite Monkey Theorem'*라는 사

---

* 역주-불규칙한 문자열을 계속 만들어가면 언젠가는 특정한 문자열이 만들어진다는 정리다. 비유적으로 "원숭이가 타자기의 자판을 한없이 두들기면, 언젠가는 윌리엄 셰익스피어

고실험을 소개하겠다.

1부터 6까지 나오는 정육면체가 아니라, A에서 Z까지 나오는 가공의 주사위가 있다고 하자. 이 주사위를 원숭이에게 주어서 던지게 한다.

무한한 시간동안 원숭이는 계속 주사위를 던진다. 그러면 이론상으로는 그 중에서 셰익스피어의 작품이 탄생할 수도 있다는 생각이다. A, B, C ... 불규칙하게 알파벳의 눈이 나온다. 나온 눈들을 기록해 가면, 그것이 우연히 문장이 되고, 어떤 순간에는 셰익스피어의 작품이 되어 있을 거라는 거다. 물론 원숭이 자신은 무작위로 주사위를 던질 뿐이지만 결과적으로 창조적인 문학작품이 만들어질 수 있다는 것이다. 원숭이는 과연 창조하고 있는 것일까? 나는 조금 다른 생각이다.

인간 아티스트라도 여러 작품을 만들어 보고, "이것은 맘에 들어, 이것은 아니야."라고 하면서 선택할 것이다. 수많은 시작試作들을 만들어, 그 중에서 가끔 좋은 것이 나오면 그것을 작품화할 수도 있다. 그렇다면 이것은 원숭이가 하는 일과 도대체 무엇이 다를까?

원숭이가 주사위를 던지는 것보다, 물론 인간 작가가

---

의 작품이 만들어질 것이다"는 표현으로부터 이 정리의 이름이 붙게 되었다.

쓰는 것이 훨씬 성공할 확률이 높다. 그러면 창조성은 효율이나 확률과 관련되어 있는 것일까?

중요한 것은 무작위인지 아닌지 하는 점이다. 얼마나 **맞추어** 가고 있는가? 어느 정도의 정밀도로 스스로 의도한 것을 만들어 내는가에 따라 달라진다. 달리 표현하자면 얼마나 반복해서 자기 속에서 작품을 상상하고 그것을 '평가한' 후에 스스로의 작품을 만드는가 하는 점이다.

이렇듯 창조성에는 '평가 가능성 여부'가 매우 중요하다.

## 장기, 코미디, TV는 AI로 바뀔 수 있다?

약간 시선을 돌려서, 소위 '예술' 이외에 AI가 효과적으로 사용되는—혹은 그 가능성이 있는—영역을 살펴보자.

첫 번째는 장기다. 후지이 소타藤井聡太[*]를 비롯해 다수의 젊은 장기기사들은 장기 소프트를 사용해 연습하고 있다.

장기 소프트는 '평가값'이라는 점수가 나온다. 지금의 장기 판세가 어느 정도, 어느 편에 유리한지 점수로 보여준다. 그러면 이 상황에서 이 수가 좋은지 나쁜지를 순간

---

[*]   역주-후지이 소타(2002~)는 일본의 청년 장기기사로 나고야대학 교육학부 부속고등학교에 재학중이다.

에 알 수 있다.

지금까지 장기는 끝까지 두어보아야 승패를 알 수 있었다. 그래서 대국 후에야 "이 후 전국이 호전되었기 때문에 이 수가 좋았다."고 하면서, 긴 시간을 들여 복기하는 감상전感想戰이 진행된다.

그러나 평가값이 실시간으로 나오면 '이 상황에서 이 수는 좋다, 나쁘다'고 즉석에서 확인할 수 있다. 때문에 당연히 장기의 학습방법도 크게 달라질 것이다. 예전의 컴퓨터는 기보棋譜를 데이터베이스로 해서 장기를 마스터했다. 이제는 거꾸로 컴퓨터에게 인간이 배우는 시대가 왔다.

다음은 코미디다. 만담이나 요술에 대한 관객의 반응을 데이터로 얻을 수 있다. 이론상 AI로 관객의 반응을 좋게 만들고 많이 웃을 수 있도록 콘텐츠를 최적화할 수 있다.

스페인 바르셀로나에 '테아트레네우Teatreneu'라는 코미디 극장이 있다. 입장은 무료인데, 웃는 만큼 돈을 지불하는 종량 요금제 극장이다. 좌석에 부착된 태블릿으로 관객의 웃는 얼굴을 인식해 한번 웃을 때마다 요금을 부과한다.

이렇듯 누가 어느 시점에 웃었는지 데이터를 모아 분석하면, 영화나 드라마, 라이브 콘서트, 쇼 비즈니스, 동영상 광고 등 콘텐츠를 만드는 데 도움이 될 것이다.

실제로 월트 디즈니 컴퍼니의 연구부문인 디즈니 리서치는 적외선을 이용해 영화 관객의 표정을 분석해, 감정을 주요 요인들로 나누는 연구를 하고 있다. 이렇게 되면 실시간으로 관객의 반응을 분석해 역동적으로 내용 변화에 반영할 수도 있다.

마지막으로 TV다. 시청자의 반응, 혹은 장기적인 효과에 관하여 보다 정치하게 데이터를 모을 수 있다. 가정에서 주로 누가 시청하는지, 몰입하는지 아니면 **다른 일을 하면서** 시청하는지, 광고시간에 어느 정도 자리를 뜨는지 하는 데이터들은 다양한 용도로 사용될 수 있다.

이미 방송국 관계자들도 AI 마케팅을 검토하고 있다. 시청률을 높이는 주제선택의 방법, 광고 들어가는 타이밍, 텔롭telop* 넣는 방법 등 여러 가지를 생각해볼 수 있다.

결론적으로 좋고 나쁨을 평가하는 방법을 결정할 수 있다면, 장기나 코미디나 시청률 등에 대해 데이터를 기초로 한 AI 학습을 활용할 수 있다.

---

\* 역주-텔롭이란 television opaque projector의 약자인데, TV 화면에 카메라를 통하지 않고 문자, 도형, 사진 등을 사출하기 위한 송신장치 혹은 그 문자와 도형을 가리킨다.

## 인간이 획득해온 것들이 갖는 의미

〈강의 2〉에서도 설명했지만, 인간은 생물로서 오랜 진화 과정에서 자기보존을 위해서 여러 노력들을 해왔다. 그 결과 어떤 것은 '무섭다', 어떤 것은 '기쁘다', 다른 어떤 것은 '아름답다'고 생각하게 되었다. 인간이 다양한 감정을 가지게 된 것은 진화에서 유래한다.

예술 본래의 목적은 이 감정에 울려 퍼지는 것을 만드는 것이다. 그렇게 생각하면 삶과 죽음, 그리고 인간이 생명으로서 진화하는 과정에서 얻은 수많은 것들이 창조성에 커다란 의미를 지니고 있음을 새삼 깨닫는다.

개인적으로 지금의 AI 기술로는 인간의 마음을 흔드는, 정말로 새로운 예술작품을 창조하기는 어렵다고 생각한다. 기존의 예술작품을 흉내낼 수는 있지만, 가령 AI가 영화를 만들었다고 해도 궁극적으로 관객을 감동시킬 수 있을지는 의문이다.

영화는 잘 짜인 스토리 전개가 필요하고, 더 나아가 스토리가 진행됨에 따라 보는 사람의 마음이 어떻게 움직이는지 그 관련성에 주목하는 시뮬레이션이 대단히 정확해야 한다.

예술은 인간성을 구성하는 복잡한 '목적함수'에 기반하고 있다. 인간과 동일한 '목적함수'를 AI가 갖지 않는 이상, 진정한 의미의 예술작품을 창조하는 것은 어렵다. 인간의 뇌 구조나 얼개에서 얻은 힌트로 만드는 추상화나 클래식 음악은 AI도 만들 수 있을지 모른다. 그러나 인간의 문화와 사회를 배경으로 한 그림이나 음악, 소설 등을 만들어 내는 것은 불가능하다.

사람의 기분을 이해한다, 사회의 시스템을 알고 있다, 영화 이외의 다른 콘텐츠도 잘 알고 있다. 이 정도 수준까지 AI가 도달할 수 있을까? 이 정도 수준에 이르려면 AI가 의미를 이해하는 단계에 도달하고도 더욱 시간이 지난 미래의 일이 될 것이다. 그런데 그러한 기술에 이르기 전에 세상 그 자체가 이미 크게 변화할 것이라 생각한다.

## '목적함수'를 가질 수 있다면 예술은 만들어진다?

방금 전 구와타 게이스케의 곡 데이터를 기초로 구와타 색이 짙은 신곡을 만드는 기술이 나왔다는 이야기를 했다. 그런데 구와타의 곡들이 없었다면 구와타스러운 곡들이 만들어질 수 있었을까?

즉 AI가 진짜 새로운 것을 만들 수 있는가 하면, 어렵다고 생각한다. 그 이유는 역시 AI가 '목적함수'를 가질 수 있는지 하는 점 때문이다.

'생명으로서의 목적함수'는 인간만이 갖고 있다. 그 때문에 창조에 큰 의미를 갖는 행위, 즉 여러 사례들에서 어떤 한 가지를 선택하는 행위나 '평가'하는 행위를 AI는 할 수 없다.

인간의 세계에도 유명한 프로듀서나 창작자, 아티스트들 중에는 스탭들이 만든 것을 '좋다', '아니다'고 판단해주고, '이렇게 하는 것이 좋겠다'고 지침을 주면서 창작하는 사람들이 있다. 이것은 '목적함수'를 가지고 있는 것 자체가 가치를 갖고 있음을 보여준다.

정확히 인간으로서 '목적함수'를 세련화하기 위해서는 사람의 마음, 생각, 여러 가지 수고와 갈등, 역사, 문화, 사상, 다양한 가치관 등을 알아야 한다.

그리고 무엇이 좋고 무엇이 나쁜지, 무엇이 아름답고 무엇이 아름답지 않은지를 판단할 수 있어야 한다. 이것은 인간으로서 매우 중요한 능력이다. 그것은 결코 AI가 흉내낼 수 없다.

::

## 강의 4
# AI로봇은 왜 만들기 어려운가?

2017년에 세계적인 로봇 경기대회 '아마존 로보틱스 챌린지Amazon Robotics Challenge[*]가 일본에서 개최되면서 큰 화제가 되었다. 그전 해까지 이 대회는 '아마존 피킹 챌린지Amazon Picking Challenge[**]라는 이름으로 미국과 독일에서 개최되었다.

경기내용은 참가 팀이 개발한 로봇들이 박스 안에 있

---

[*]  역주-'아마존 로보틱스 챌린지'는 2017년 아마존이 주최한 로봇 경연대회로 최종라운드가 일본의 나고야에서 열렸다. 이 대회에서는 호주 로봇 비전센터Australian Centre for Robotic Vision 팀이 우승을 차지했다.

[**]  역주-아마존이 주최한 화물선별 및 선적을 목적으로 한 창고 로봇 경기대회를 지칭한다. 2015년에 시작되었는데, 2017년에는 '아마존 로보틱스 챌린지'로 이어졌다.

는 여러 상품들 중에서 목표 상품을 꺼내서 이동시키는 것이다. 일정 시간 안에 얼마나 많은 상품을, 얼마나 정확하게 이동시킬 수 있는지를 겨룬다.

또 같은 해 미국 미네소타대학 연구팀은 로봇이 촉각으로 물체를 느끼는 '생체 스킨'*을 발표했다.

최근 AI, 특히 심층학습을 이용한 로봇기술이 속속 발표되고 있다. AI가 신체를 가지면 세계를 파악할 수 있을까? 인간처럼 오감을 가질 수 있을까? 그 가능성을 검토해 보도록 하겠다.

그리고 동시에 인간의 신체성에 주목하면서, '느낀다'는 것이 무엇인지 명확히 해보겠다.

## 폭탄을 치우고, 짐만 가져오세요

우선 간단한 게임에 도전해 보자.

---

*　역주-2017년 6월 미네소타대학의 미첼 맥칼핀Michael McAlpine 교수를 팀장으로 하는 연구팀이 3D 프린터를 이용해 개발한 것으로, 로봇에게 주위의 상황을 느끼도록 하는 능력을 주려는 것이었다. 실제 사람의 피부를 전자공학적으로 프린팅한 성과로 의료용 로봇에 대한 응용이 기대되고 있다.

바로 앞의 짐을 자기 쪽으로 이동시켜야 한다. 다만 그 짐 위에는 폭탄이 놓여 있다.

많은 사람들은 폭탄을 일단 치우고 짐만 이동시킬 것이다. 내가 "폭탄을 치워주세요."라고 말하지 않아도, 보통은 그렇게 할 것이다.

그러나 이것을 AI에게 시키기는 매우 어렵다. 짐을 가져오라는 프로그램을 입력하면 폭탄까지 들고 와 버릴 것이다.

이래서는 안 되니 개량해서 폭탄을 치워야 한다. 어떻게 개량하면 좋을까? 폭탄이 있을 때는 폭탄을 치우고 나서 짐을 가져오도록 명시적으로 프로그램을 수정한다. 그러나 짐 위에는 폭탄뿐만 아니라 다른 여러 가지 물건이 놓여있을 가능성이 있다.

따라서 짐을 옮기려고 할 때, "다른 것을 함께 가지고 올 가능성이 있는지 생각하세요.", 그리고 "함께 가져 와서는 안 되는 것은 제외하세요."라고 프로그래밍하면 좋을 것이다.

그러나 혹시 짐을 이동시키려 할 때, 그것이 놓여 있는 책상이 움직일지도 모른다. 만약 짐의 바닥면에 매우 강력한 접착제가 붙어 있으면, 짐을 움직일 때 책상도 움직일 가능성이 있다. 끈이 붙어 있을 수도 있다. 짐을 들 때 인간은 짐만 움직이는지 아닌지 큰 어려움 없이 식별한다.

그러나 조금 생각해보면 이것은 AI에게 굉장히 어려운 문제다.

로봇에게 "짐을 움직일 때 함께 무엇이 움직이는지를 계산하세요."라고 지시하면, 로봇은 짐뿐만 아니라 책상이나 방, 그리고 짐 이외의 모든 것이 움직이는지 아닌지 전부 계산하려들 것이다. 그러다가 결국 시간을 낭비하여 그 사이에 폭탄이 폭발해 버릴 것이다.

보다 더 잘 개량하려면 어떻게 해야 할까?

원래 "짐을 옮기세요."라고 말했으니 관련된 부분만 생각하면 될 것이다. 그러므로 "책상은 움직이지 않을 것이고 방 전체가 움직일 리도 없다. 따라서 관련된 부분만 생각하세요."라고 로봇을 개량한다고 하자. 그런데 이번에는 짐을 이동시키는 행위와 다양한 현상들 모두가 어떤 관련이 있는지 계산을 시작할 것이다. 예를 들어 짐을 가져 오면 지구의 중력은 변하는가? 방의 온도는 어떻게 될까?

엄밀하게 말해 확실히 그런 일들이 짐을 가져 오는 행위와 관련이 없다고는 할 수 없다. 예를 들면 가져와야할 짐이 켜진 상태의 촛불이라고 하자. 그것을 들고 나오면 방이 어두워지고, 잘못 움직여서 넘어뜨리면 화재가 발생한다. 그러므로 여러 상황들이 연관될 수도 있다. 그러나 우리 인간은 그러한 일들을 전부 열거하고 일일이 검토한 후에 행동하지는 않는다. 가장 관련성이 클 법한 폭탄 이외에는 신경 쓰지 않는다. 그러면 인간은 어떻게 그것이 가능할까?

이것은 미국 철학자 다니얼 데넷Daniel Clement Dennett III[*]이 제시한 '프레임문제'[**]의 사례다. AI는 상황을 느낄 때 모든 요소들을 인식하고 같은 중요도로 판단한다. 문제 해결을 위한 적절한 '프레임'을 갖고 있지 않다.

인간 아기의 경우를 생각해 보자. 아기는 구체적인 성질은 몰라도 장난감으로 놀면서, "이것은 자동차다.", "이것은 폭탄이다."라고 하면서 그 형상을 인식한다. 다음으로 아마 여러 방법으로 놀 것이다. 뒤집는다든지, 던진다

---

[*]  역주-다니엘 클레멘트 데넷 3세(1942~)는 미국의 철학자, 저술가로 인지과학자다. 마음의 철학, 과학철학 등이 전문영역이며, 그중에서도 진화생물학, 인지과학이 주요한 연구 영역이다.

[**]  역주-프레임문제란 AI에서 중요한 문제의 하나로, 유한한 정보처리 능력만을 갖고 있는 로봇에게는 현실에서 일어날 수 있는 문제들 모두에 대처할 수 없음을 보여준다. 1969년 존 맥카시와 페트릭 헤이즈의 논문에서 최초로 언급되었으며, 철학자 다니엘 데넷이 논문에서 실례로 다룸으로써 더욱 유명해졌다. Daniel Dennett. 1984. "Cognitive Wheels: The Frame Problem of AI." Margaret A. Boden. ed. *The Philosophy of Artificial Intelligence*. Oxford University Press. 147-170.

든지, 움직여 본다든지 한다. 그것을 반복하면서 사물에 대해 어떤 행동을 하면 어떤 결과가 일어나는지 서서히 데이터를 쌓아 간다.

그리고 짐을 가져 오려고 할 때에 그 위에 있는 물건도 함께 가져와 버리는 문제에 대해도 점차 배워 나간다. 물건을 움직여도, 방의 온도는 변하지 않고 문이 갑자기 열리지 않을 것이라는 사실을 알게 된다. 인간의 아기는 행동하면서 세계와 상호작용하고 세계의 얼개를 배워 나간다.

지능이 만들어지는데 신체는 아주 큰 의미를 지니고 있다. 〈강의 1〉에서 소개한 대로 AI의 연구개발 분야에서도 신체성이 중요하다는 논의가 옛날부터 있어왔다. 애초에 '신체를 갖지 않는 지능'이 있을 수 있는가? 몸이 없으면 짐을 가져오는 것이 무슨 일인지 모를 것이며, 이에 부수해 무슨 일이 일어날지도 모를 것이다.


## '세계가 불확실하다'는 것을 어떻게 해결하나?

지금까지의 AI나 로봇은 "짐을 옮기세요."라고 지시하면, 프로그램이 움직여 그 짐을 옮기는 동작을 한다. 그러나 다른 것이 짐 위에 놓여 있거나, 짐 크기가 다른데도 같은 동작만 반복하면, 짐을 가져오지 못할 수도 있다. 사전에 정해진 환경 속에 두면 능숙하게 움직이지만, 조금이라도 상정된 것과 달라지면 갑자기 불능상황이 된다.

청소로봇은 나왔지만, 아직 '정리로봇'이 나오지 않는 것은 그만한 이유가 있다. 정리로봇이 나오면 다소 비싸도 많이 팔릴 것이다. 정리로봇이 나오기 어려운 이유는 "이 것을 가져 오세요."라고 특정한 명령을 프로그램화할 수는 있지만, 조금이라도 그 모습이나 처한 상황이 달라지면 움직이지 못하기 때문이다.

미지의 대상을 인식하도록 해서, 그에 대한 액션을 로봇이 하도록 하는 것. 다시 말하지만 이것은 공장에서 정해진 작업을 하는 로봇을 개발하는 것과는 근본적으로 다르고 매우 어려운 일이다. 하지만 심층학습의 출현으로 상황이 크게 변하고 있다.

인간은 여러 물건들을 들어 올릴 수 있다. 아기 때 연습을 하기 때문이다. 눈앞에 있는 것을 들었다가 놓는다. 이 단순한 행위를 무수히 행한다. 그래서 때로는 들고, 때로는 들지 못하는 경험을 여러 차례 한다. 그렇게 함으로써 '이런 모습의 물건은 이렇게 들면 된다'고 차차 알게 된다. 전에 말했지만 아기들은 '스스로가 어떤 행동을 하면 어떤 일이 일어나는가'라는 관계성을 계속 배워간다.

컴퓨터 게임을 예로 들어 보자. 제어판을 움직이면 왠지 화면 안의 캐릭터들이 움직인다. 물론 아기에게 전제가 되는 지식은 없다. 세계의 어디를 움직이면 따라서 어디가 움직이는지, 전혀 모르는 상태에서 학습은 시작된다.

심층학습을 이용한 로봇팔도 마찬가지다. 요컨대 로봇이 '들어올리는' 행위를 능숙하게 하려면 사물을 정확히 인식하고, 누차 도전해서 여러 번 실패를 감내하는 수밖에 없다.

'심층강화학습'이라는 기술이 있다. 심층학습과 강화학습을 결합시킨 것이다. 〈강의 2〉에서도 소개했지만, 강화학습은 시행착오를 거듭해 성공하는 방법을 찾아내는 학습법이다. 로봇에게 학습시키는 목적을 쉬운 말로 설명하자면 '운동의 숙련'이다. 기계나 로봇이 연습해서 향상되는 것이다.

"지금 일련의 행동들이 좋았는가?"하고 평가하면서 그 행동양식을 반복한다. '잘했다'는 보상이 주어지면 이전의 행동을 '강화해' 갈 것이다. 개에게 '손'을 가르치는 경우와 같다. 손을 잘 들면 사료를 준다. 그러면 서서히 손을 들어준다. 사료라는 보상 앞에서 행동이 강화되는 것이다.

강화학습은 오래 전부터 있었는데, AI 영역에서도 1970년대부터 연구되어 왔다. 그러나 아직 큰 실용적인 성과를 올리고 있지는 못하다. 그것은 AI가 행동을 학습할 때 '지금이 어떠한 상황인지'를 잘 알 수 없었기 때문이다.

개도 언제나 손을 내미는 것은 아니다. 주인이 손을 주라고 할 때만 손을 내밀고 사료를 얻는다. 바로 그 타이밍을 학습할 필요가 있다. 결국 '어떤 상황에서 어떤 행동을 하면 좋을지' 세트로 배우게 된다. 그러나 지금까지는 '어떤 상황인지' 인식하는 것이 매우 어려웠다.

## 로봇과 형용사, 로봇과 부사

로봇에게 '악수하는' 행위를 학습시킬 때 어떤 것이 필요할까?

로봇이 손을 내밀어 인간과 악수를 한다. 하지만 로봇은 악수가 어떤 동작인지를 이해하지 못한다. 악수를 했던 경험이 없기 때문이다. 하지만 "이러면 돼요."라고 목표 상태를 주고 일련의 동작을 학습시키는 강화학습이나, 다른 사람 혹은 다른 로봇의 행동을 기초로 학습하도록 하는 '모방학습' 기술을 사용해 악수를 시킬 수 있다.

그런데 상대의 손을 으깰 정도로 강하게 잡아도 안 되고, 전혀 힘을 주지 않고 단지 손바닥만 닿아도 안 된다. 적당한 힘으로 상대의 손을 잡아야 하는데, '적당히'가 어느 정도인지 학습할 필요가 있다.

그 때 중요한 것이 형용사 개념을 이해하는 것이다. 원래 '힘이 강하다', '힘이 약하다'란 어느 정도를 가리키는 것일까?

눈앞에 있는 펜은 과연 굵은가, 가는가? 예를 들어 평소에는 일반적인 볼펜을 사용하고 있지만, 지금 사용하는 펜이 가장 두꺼운 매직이라면 '두껍다'고 한다. 자기생각 속에 '보통 펜의 굵기는 이 정도'라는 지식이 존재한다. 그러므로 '두껍다', '가늘다'와 같은 형용사를 비로소 개념으로 사용할 수 있다.

그럼 부사는 어떠한가? 예를 들어 '빨리 달린다', '천천히 달린다', '높게 뛴다', '낮게 뛴다'. 우리가 어떤 행동을 할 때 "평소와 달리 이렇게 했다.", "다른 행동을 취했다."와 같이 행동에 대한 상대적인 평가를 나타내는 것이 부사다.

정리하면 명사에 대한 상대적 개념이 형용사, 동사에 대한 상대적 개념이 부사다. 인간의 말을 구성하는 명사, 형용사, 동사, 부사는 그러한 관계를 보여주는 요소들이다.

그래서 로봇이 무언가를 들 때에 "이것은 무겁다.", "이것은 가볍다."고 말하려면, 그 로봇은 엄청나게 많이 **들어본 경험**이 있어야만 한다. 로봇이 "지금은 빨리 달리고 있다.", "지금은 느리게 달리고 있다."라고 말하려면, 그 로봇이 과거에 스스로 경험했던지, 아니면 그러한 장면을 많이 보든지 했어야 한다.

## 로봇이 모방학습을 할 수 있게 되었다

현재 미국 캘리포니아대학 버클리 캠퍼스의 연구자 켄 골드버그Ken Goldberg[*]를 중심으로 한 연구팀이 심층학습을 이용한 로봇팔을 연구개발하고 있다. 그 연구의 하나가 로봇팔을 수술로봇에 응용하는 것이다.

이 연구는 외과의사의 일을 모두 로봇으로 대체하려는 것이 아니다. 예컨대 봉합 등 비교적 단순한 의료행위를 로봇팔이 담당하도록 하여 외과의사를 지원하는 것이 목표다. 이 로봇팔은 인간의 행동을 기초로 학습하는데, 골드버그는 그 학습방법에 대해 다음과 같이 말하고 있다.

"봉합과 같은 업무에는 구조가 있고, 항상 일련의 단계로 구성된다. 환자가 바뀌어도 외과의사의 동작은 비슷해서 그런 동작으로부터 학습한다. 실제로 인간 외과의사가 하는 동작을 관찰한다. 이것도 심층학습과 연관되는데,

---

[*]    역주-켄 골드버그는 로봇공학 전공자로서, 그의 연구는 심층학습 인공신경망에 접속된 로봇이 새로운 목표물을 찾을 수 있도록 훈련을 시행하는 것이다. 이 로봇은 객관적 목표를 사용한 물리적 실험을 반복하는 것이 아니라, 670만 군의 합성 데이터 세트로부터 학습하는 것이 특징이다.

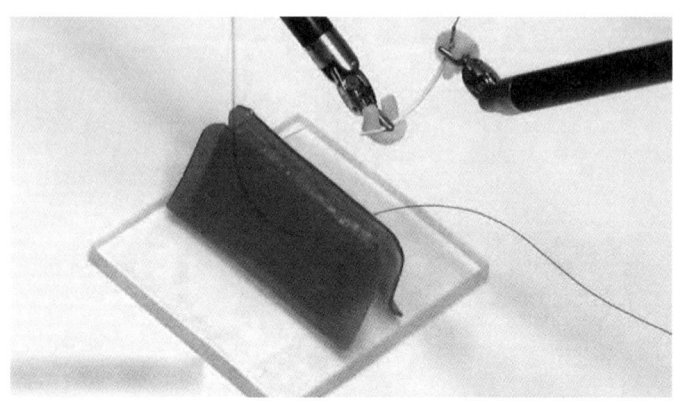

그림 10　켄 골드버그 등 연구팀이 개발하고 있는 수술로봇. 로봇팔이 봉합을 담당한다.

'실연학습實演學習'이라는 학습법이다.

외과의사의 실행 데이터를 모으면 궤도가 만들어진다. 우선 그 구조를 이해하도록 한다. 그리고 궤도를 의미 있는 부분segment으로 나누어 각 부분마다 제어방침을 학습한다. 즉 수술 전체의 제어방침을 학습하는 것이 아니라 단계별 방침을 심층학습으로 학습한다."

골드버그는 '실연학습'이라는 말을 사용하지만, 앞에서 말한 모방학습과 같은 말이다. 인간도 평소에 하는 학습법인데, 구체적으로 어떤 것일까?

# 인간의 뇌도 데이터가 없으면 학습할 수 없다

인간의 뇌는 신체의 감각기관을 통해 들어온 외계의 다양한 데이터를 처리하고, 반대로 신체, 손발 등의 근육에 명령을 보내 움직인다. 그리고 다른 사람의 흉내를 낼 때는 자신의 신체 이미지와 자신이 보고 있는 동작의 이미지, 이 두 가지를 결부시킨다. 그 다음으로 "이 사람이 이렇게 하는 것을 자신의 몸으로 표현하면 이렇다."고 시뮬레이션한다. 자신의 신체 이미지와 자신이 보는 동작에 대한 대응관계를 확인하지 못하면 모방학습은 불가능하다.

아기의 경우 엄마를 모방한다. 자신의 신체와 엄마의 몸이 대응관계에 있다는 전제하에 자신의 몸을 움직인다. 크면 그 대상이 확대되어 "친구가 하는 것을 나도 해 보자.", "이 운동선수의 동작을 나도 따라해 보자."하면서 학습이 이루어진다.

모방학습이 가능한 동물은 별로 많지 않다. 그런데 인간은 모방학습을 높은 차원에서 일상적으로 하고 있다. 단지 흉내 내는 차원을 넘어서, 자신이 하고 싶은 것과 관계된 다른 영역의 지식을 능숙하게 활용한다.

운동선수라면 훈련 횟수를 늘리거나 다른 사람의 경기를 참고할 수도 있다. 전혀 관계없을 것 같지만, 예컨대 말이 달리는 모습에서 힌트를 얻어 그 움직임을 활용하려고,

뇌에서 수많은 시뮬레이션과 연습을 할 수도 있다.

이것은 의사疑似로 사례 수나 경험 수를 늘리는 것이다. 진짜 제로 상태로부터 학습하면 대단히 많은 시간이 걸리겠지만, 고속으로 학습할 수 있는 시스템이 인간의 뇌에는 갖추어져 있다.

한편 로봇은 인간이 갖지 못한 장점을 갖고 있다. 로봇팔을 개발하고 있는 골드버그는 다음과 같이 설명하고 있다.

"새로운 물체를 만났을 때, 비슷한 물체의 색인 데이터를 클라우드에서 추출할 수 있다. 과거에 어디를 잡아 성공했는지를 검색하고 확인하여, 로봇에게 그곳을 잡도록 지시한다. 이를 위해 인공으로 만들어진 수백만 장의 그림으로 로봇에게 사전 훈련을 시킨다."

'클라우드 로보틱스cloud robotics'*라고 하는데, 학습한 데이터를 여러 로봇이나 AI에게 클라우드를 통해 공유시킨다는 발상이다.

예를 들어 로봇팔이 능숙하게 물건을 들어 올리도록

---

\* 역주-클라우드 로보틱스는 오픈소스 로봇용 프레임워크인 ROS(Robot Operating System)를 활용하여, IT와 RT(Robot Technology)를 융합한 기술이다.

하기 위해, 로봇에게 한 시간 동안 물건을 들고 내리기를 반복시킨다. 보통 생각하면 그것은 한 시간 분량의 경험밖에 아니다. 인간은 성장하기까지 5~10년이 걸린다. 그러나 그렇다고 해서 로봇에게 그 시간만큼 들어 올리고 내리는 학습을 시키는 것은 현실적이지 않다. 한편 여러 로봇이 경험을 공유한다면, 눈 깜짝할 사이에 많은 데이터를 모을 수 있다.

그 밖에도 온라인으로 시뮬레이터를 만들어 그 안에서 빠른 속도로 행동하도록 하는 일도 빈번히 이루어지고 있다. 방금 간략히 언급했지만, 인간이 이미지 트레이닝을 하거나, 드라이빙 시뮬레이터로 운전연습을 하는 것과 비슷하다. 모의模擬로 여러 번 연습해도 경험이 쌓이기 때문에, 실제로 물건을 들어 올릴 때 보다 빠르고 정확하게 들어 올릴 수 있다. 최근에 자주 시뮬레이터와 실제 로봇을 연계해 학습을 향상시키는데, 인간은 옛날부터 해오던 일이다.

## 운동신경이 좋은 사람이 머리 속에서 하는 것

인간은 자신이 놓인 상황을 머릿속에서 시뮬레이션할 수 있다. 자신이 실제로 행동하지 않아도 "이런 일을 하면 이런 일이 일어날 것이다."고 머릿속에서 이해할 수 있다.

예를 들어 여기 있는 펜을 조금 떨어진 상자 위로 옮기려고 생각했다고 하자. 그러면 "펜을 들어 이쪽으로 옮기자.", "상자가 쓰러져 있는데 바로 세우고 나서 올리자."라고 생각할 것이다. 일상생활에 관한 것은 어릴 때 학습했다. 하지만 새로 배우는 일이나 새로 시작하는 스포츠, 새 직장 등에 대해 처음에는 잘 몰라서 당황스러울지 몰라도, 얼마 되지 않아 무엇을 어떻게 할지, 무엇을 했을 때 무슨 일이 일어나는지 알 수 있게 된다. 여러 번 실패하면서 성공적인 행동을 찾는다.

그리고 몇 동작들이 한 덩어리가 되는 보다 복잡한 동작을 머릿속에서 그려낼 수 있게 된다. 이것을 심리학 용어로 '청크화'라고 한다. '청크chunk'란 영어로 '덩어리'라는 의미다.

예를 들어 아이가 물건을 들어 올리려 할 때 뇌와 신체에서 어떤 일이 일어나는지 생각해 보자.

1. 손을 대상에게 근접시킨다.
2. 손이 대상에게 가까워지면 벌린다.
3. 손을 벌렸다가 다시 쥔다.
4. 손을 쥐면 팔을 들어 올린다.

이와 같이 꽤 세세한 지시를 뇌에서 손이나 팔로 내리

지 않으면 들어 올릴 수 없다. 그런데 어른이 되면 '들어 올리는 일'은 '덩어리'가 된다. 그러면 '대상을 들어 올린다', 그리고 '옆 책상에 올려 둔다'는 보다 고도한 동작이 '덩어리의 연결'로 가능해진다.

운동선수는 일반인보다 경기에서 높은 성과를 발휘한다. 그 이유는 연습을 거듭해 보통 사람들은 할 수 없는 동작들을 '청크화'하기 때문이다.

운동신경이 좋은 사람은 새로운 스포츠에 도전해서도 잘 할 수 있다. 혹은 동일한 연습을 해도 다른 사람보다 향상 속도가 빠르다. 사람에 따라 스포츠의 습득의 수준이 다른 것은 왜일까?

세상은 "만약 이것이 이러하다면 이렇게 된다."는 가설의 공간이기도 하다. 이 공간은 방대하며, 자신이 하려는 것과 어떠한 일들이 관계되는지 무한한 가능성이 있다. 그 가능성을 줄이는 방법은 몇 가지가 있는데, 그중 하나가 스스로 문제를 만드는 것이다.

예를 들어 허들경기를 빨리 뛰는 것이 최종목적이라면 거기에 알맞은 시행착오를 하지만, 그것만으로 학습속도가 향상되지 않는다. "자신의 다리를 생각대로 컨트롤하려면 어떻게 해야 할까?", "허들은 어느 위치에서 뛰어야 할까?" 등 본래의 목적과 관계없는 '하위문제'들을 많이 만든다. 그리고 '하위문제'들을 훈련하고 그것을 감안하여 본래의 목적으로 나아간다. 그러면 효과가 비약적으로 올라간다.

이것은 추측인데, 운동신경이 좋은 사람은 스포츠를 할 때에, 예컨대 자신의 몸을 어떻게 컨트롤할지 무의식적으로—혹은 의식적으로도— 많은 '하위문제'를 만들어 도전한다. 그렇게 함으로써 가설을 줄인다.

처음 해보는 경기라 해도 가설을 줄이고 가능성을 한정해서, 적은 사례들 속에서 자신에게 맞는 것을 발견하면 된다. 그 경기에 대한 경험이 없더라도 실력향상이 빠른 사람이 있다는 사실은 그 때문이 아닐까 생각한다.


## 인간의 의식이란 '이사회'다

인간의 뇌는 몸이 움직이는 것보다 먼저 움직이려고 결정한다. 뇌 과학의 세계에서는 자주 언급되는 것이다. 자신이 "이 버튼을 누르자."고 생각하고, 뇌가 손에게 "버튼을 누르세요."라고 명령하여 손이 버튼을 누른다. 그러나 이와 달리 실제로는 버튼을 누르기 0.35초전에 손을 펼치고 있다. 자기 자신이 무언가 의지결정을 내리기 전에 뇌가 결정한다. 미국의 생리학자 벤자민 리벳Benjamin Libet[*]이

---

[*]  역주-벤자민 리벳(1916~2007)은 캘리포니아대학 샌프란

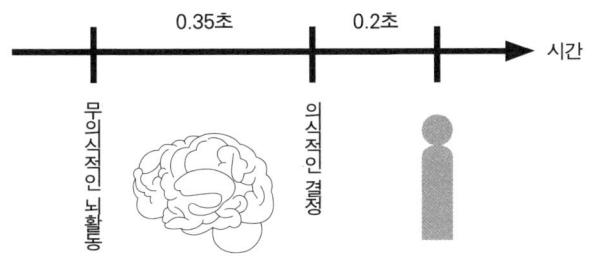

**그림 11  리벳의 '자유의지'**

인간의 '자유의지free will'에 대한 연구에서 주창한 설이다.

〈강의 2〉에서 AI가 의식을 획득하려 할 때에 무엇이 필요한지를 살펴보았다. 그런데 리벳은 원래 인간 자신에게 자유의지가 있었던가 하는 근본적인 문제제기를 하고 있다. 우리 인간은 스스로 생각하고 움직이는 것처럼 보이지만, 그것이 진짜인가?

우리는 축적된 경험으로부터 학습하고, 뇌에서 다양한 과정을 거쳐 사고한 결과 행동한다. 그러나 사실은 거기에 자유의지가 들어갈 여지는 없다. 바꾸어 말하자면 물

시스코의 교수로 인간의식 분야의 선구적 과학자다. 1980년대 자유의지와 관련된 실험을 하였는데, 그는 인간의 결정이 무의식적으로 이루어지며, 자유의지가 작동할 여지가 그리 넓지 않다고 주장했다. Libet, Benjamin. 1985. "Unconscious Cerebral Initiative and the Role of Conscious Will in Voluntary Action." *The Behavioral and Brain Sciences*. 8. 4. 529–566.

리법칙은 모두 시간-1의 상태에서 시간의 상태가 정해짐을 보여준다. 확률적인 현상이라 해도 과거가 미래를 결정하기 때문에, 자유의지와 같은 애매한 것이 끼어들 여지는 없다.

그런데도 우리는 왠지 자신의 의지가 있는 것처럼 생각한다. 물론 여러 견해가 있을 수 있다. "자유의지가 없다."고 주장하는 사람이 있으면, "있다."고 주장하는 사람도 있을 것이다.

나는 인간의 의식이 회사 조직의 이사회와 같은 것이라고 생각한다. 뇌의 의식 과정에서는, 예를 들면 내가 "이 것을 들자."고 생각할 때 근육에 대해 연속적이고 세세한 명령들이 발생한다. 결국 특별히 의식하지 않아도 "들어야 겠다."는 생각만으로도 들 수 있다.

그것은 어느 회사에서 이사회 수준의 사람들이 전혀 의식하지 않아도 각 사업부가 사업활동을 자동적으로 하는 것과 비슷하다. 대부분은 업무그룹이나 사업부 안에서 해결하지만, 거기서 해결할 수 없는 문제, 예컨대 매출이 하락하거나 사고가 일어나면 이사회까지 정보가 올라간다.

의식으로까지 정보가 올라가는 경우는 상당히 커다란 문제거나 예상을 빗나간 문제들이다. 이사회는 이에 대처하기 위해 대강의 계획을 세워 사업부에 지시를 내린다. 사업부에 대한 이사회의 명령, 혹은 사업부의 행위를 이사회 나름대로 스스로 지시한 결과라고 해석한 것이 사후적인 자유의지다. 사업부가 실행하는데 구체적으로 어떻게 진행시킬지 실질적 부분에 대해서 이사회가 파악하지는 않는다.

운동을 하는 동안 집중해서 경기를 하면 된다. 그런데 이것은 오히려 의식이나 자유의지의 활동을 억제하고 있는 상태라고 할 수 있다. "이사님, 시끄러우니 조용히 하세요!"라고 하면서, 각 사업부의 자율에 맡기는 격이다.

이사회는 특정한 대상을 참조해 거기에 주의를 기울이는 기구다. 통상적으로는 회사 전체의 방향성이나 사업부의 활동에 주의를 기울일 것이다. 그런데 이사회는 이사들의 본연의 자세에 대해서도 논의할 수 있고 이사회 자체에 대해서도 주의를 기울인다. 그것의 존재의미는 〈강의 2〉에서 살펴본 '양면 거울', 즉 자의식에 가깝다. 그리고 이렇게 논의를 하는 이사들 자신도 논의 대상이 되며, 향후 이사들의 행동은 자유롭게 설계할 수 있는 변수가 된다. 그게 자유의지가 아닐까 생각한다.

## 인간의 지능은 '이층구조'로 되어 있다

〈강의 1〉에서 AI도 환경과 상호작용함으로써 종합적인 개넘을 추출한다고 하였지만, 이를 복습하면서 인간의 지능의 특성에 대해서 생각해 보겠다.

인간과 동물은 환경 속에서 살아가고 있으며, 생존하기 위해서 환경과의 상호작용이 반드시 필요하다. 그리고 환경과 상호작용하는 '신체'를 갖는 것을 신체성이라고 한다.

생물은 센서(감각기관)로 관측한 환경 정보에 기초해 액추에이터(운동기관)를 사용해 행동하고, 다시 센서로 관측하는 루프(순환고리)를 이루고 있다. 이 루프는 특정한 환경 속에서 움직이는 간단한 제어계나 학습하는 시스템을 통해서 만들어진다. 곤충은 거의 생득적으로 제어계가 짜이는데, 인간을 비롯한 포유류는 제어계의 일부를 학습으로 만들어낸다.

AI를 현실화하는데 신체성이 필요한지는 오랫동안 논쟁의 대상이었다. 미국 매사추세츠 공과대학의 인공지능연구소 소장으로 나중에 로봇청소기 '룸바'로 일세를 풍미한 아이로봇iRobot의 창시자 로드니 브룩스Rodney Allen Brooks*는 '표상 없는 지능intelligence without representation'

---

\* 역주-로드니 알렌 브룩스(1954~)는 호주출신의 로봇 연구자로 AI계의 논란을 부른 서브섬션 아키텍처subsumption architecture의 제안자기도 하다. MIT 컴퓨터 과학, 인공지능연구소의 교수와 소장을 역임하고 아이로봇과 리씽크 로보틱스를

이라는 개념을 제안했다.[*]

지적능력은 "최소한 생존과 생식을 보존하기 위해 충분히 주변을 잘 알고, 동적인 환경세계를 돌아다닐 수 있는 능력"을 토대로 세워져야 한다는 것이다. 그리고 곤충형 로봇이라도 환경과 상호작용한다면 충분히 지적으로 보이는 활동이 출현할 것이라고 한다.

'AI의 아버지'라고 불리는 마빈 민스키Marvin Minsky[**]는 브룩스의 '표상 없는 지능'이라는 주장을 통렬하게 비판한다. 환경과의 상호작용만으로는 동물수준의 지능은 실현될 수 있어도, 기호조작을 행하는 인간수준의 지능은 실현되기 어렵다는 것이다.

나 자신은 양쪽 모두 일리가 있다고 생각한다. 구체적

---

창업하기도 했다. 룸바에는 서브섬션 아키텍쳐가 내장되었다.

[*]  역주-Rodney A. Brooks. 1991. "Intelligence without Representation." *Artificial Intelligence*. 47. 139-159.

[**]  역주-마빈 민스키(1927~2016)는 미국의 컴퓨터 과학자이고 인지과학자다. 전공은 AI이고 MIT의 인공지능연구소의 창설자 중 한명이다. 초기 AI 연구를 했고 AI와 철학에 관한 저서로 유명한데, 다트머스회의로 잘 알려져 있다. 1956년에 발표된 "The Dartmouth Summer Research Project on Artificial Intelligence"의 발기인 중 한명이기도 하다.

으로 말하자면 이렇다. 인간은 환경을 지각하는 체제 위에서 기호조작을 행하고 있다. 즉 인간의 지능은 '신체성 시스템' 위에 '기호 시스템'이 실려 있다.

인간 지능의 얼개는 크게 두 개의 시스템으로 구성되어 있다.

하나는 앞서 말한 환경을 지각하고 모델화하여 운동제어를 하는 루프다. 이것을 '지각운동처리'라고 부르기로 하자.

다른 하나는 어떠한 말을 듣고, 의미와 내용을 이해하고, 말로 답하는 루프로 '기호처리'라 부르기로 하자. 퍼즐을 풀거나 수식을 전개하는 것도 기호처리에 해당된다. 나의 주장은 인간의 지능이 지각운동처리 위에 기호처리가 실리는 '이층건물' 구조를 갖고 있다는 가설이다.

대화가 아무리 능숙해지더라도, AI가 그 의미를 이해하지 못한 채 언어를 변환하고 있다면, "언어를 이해하고 있다."고 말할 수는 없다. 〈강의 1〉에서 소개한 '중국어 방'이라는 사고실험이다. 여기서 문제가 되는 것은 원래 '의미를 이해하는' 것이 어떤 상황인지 하는 것이다.

나는 이렇게 생각한다. 인간의 지능이 '이층건물'이라는 가설에 따르면, '이층'이 '일층'을 불러내는 것 자체가 의미 이해며, '이층'과 '일층'의 상호작용이 사고다.

결국 말을 기초로 '그림을 그린다'는 것이다. 〈강의 3〉

에서 이야기한 그림을 그리는 기술이 이에 해당한다. '그림'이라 해도 진짜 그림이 아니고 추상적인 그림이어도 좋다.

오히려 말 자체의 행동 이미지를 동반한다. '고양이'라는 말에서 고양이의 외양, 감촉, 울음소리 등이 떠오른다. 혹은 "고양이가 의자로 뛰어올랐다."라는 글을 읽을 때 고양이의 재빠른 움직임과 그 분위기가 떠오른다. 즉 "말을 이해한다."는 것은 '일층'이 행동하면서 지각한 일정한 상태를 '이층'이 상기하는 것이다.

지금까지 지각운동처리를 AI나 컴퓨터에게 맡기는 것은 기호처리보다 어렵다고 여겨져 왔다. 그러나 심층학습으로 화상인식이 가능해져 로봇이 사물을 파악할 수 있게 되었다.

원래 AI 연구의 세계에는 "상식적 판단과 달리, 어른이 하는 것보다 어린이가 하는 것을 컴퓨터로 재현하기가 더 어렵다."는 생각이 많았다. 이것은 로봇공학자인 한스 모라벡Hans Moravec[*]이 1988년에 자신의 저서 『어린이 마음Mind Children』에서 "컴퓨터에게 지능 테스트를 받게 하고

---

[*]　역주-한스 모라벡(1948~)은 로봇 공학자로 카네기 메론 대학 로보틱스연구소 교수다. 전공은 로봇공학과 AI 연구이고 기술관련 저술가, 미래학자이며, 트랜스휴머니즘의 신봉자이기도 하다.

체스를 플레이시키는 것은 상대적으로 쉽다. 그런데 한 살 아이 수준의 지각과 운동 스킬을 갖도록 하는 것이 훨씬 어렵거나 불가능하다."고 기술한 데서 유래한다.* '이층건물' 이야기에 빗대어 말하면, 고도의 추론 등 기호처리보다 지각운동처리가 AI로 실현하기 어렵다는 이야기다.

아이라도 할 수 있는 간단한 것을 AI로 실현할 수 있을까? 우선 '일층'에 지각운동처리를 하는 기반을 만들 것. 그것이 실현되면 고도한 기호처리가 달성될 가능성이 열린다.


## '생각하는' 것은 '느끼는' 것에 의지한다

인간이나 AI는 많은 데이터에서 배운다는 공통점을 갖고 있다. 지금까지 보아온 대로 심층학습의 등장으로 신체성을 획득하고 고도한 기호조작을 실현할 가능성이 생기고 있다.

그렇지만 그걸로 인간과 같은 수준의 로봇이 탄생할

---

*   역주-Hans Moravec. 1988. *Mind Children: The Future of Robot and Human Intelligence*. Harvard University Press.

것인가? 반드시 그렇다고는 말할 수 없다. 인간은 인간만이 가능한 여러 가지 노력들을 하고 있다. 이에 대해서는 이 강의의 마지막 부분에서 말하겠다.

인간의 뇌에는 '미러 뉴런mirror neuron*'이라는 신경세포가 있다. 이 신경세포는 자신이 행동할 때와 다른 사람이 행동하는 것을 볼 때, 양쪽 모두에 반응해서 활동한다. 다른 사람의 행동을 보면서 자신이 같은 행동을 취하고 있는 것처럼, 즉 '거울'처럼 반응한다. 하지만 거기서는 자신과 상대의 공통성을 발견하는 것이 먼저 요구된다. 앞에 말한 모방학습도 그 공통성에 기반하고 있다.

아기는 성장에 불가결한 '공동주의共同注意'라는 행동을 한다. 예를 들면 엄마가 어떤 것을 보면 아기도 그것을 본다. 그것은 다른 사람이 하는 일을 나도 따라 하는 기능을 몸에 익히는 것이다. 그에 따라 엄마가 그것들을 보면서 "이거, 크네.", "이건 펜이네."라고 말할 때, 그 대상들이 자신이 보고 있는 것과 같은 것임을 빨리 이해한다.

---

* 역주-미러 뉴런은 영장류 등 고등동물의 뇌에서 스스로 행동할 때와 다른 개체가 행동하는 것을 보는 두 가지 상태 모두에서 활동전위가 발생하는 신경세포다. 다른 개체의 활동을 보고 마치 자신이 동일한 행동을 하는 것처럼 '거울'과 같은 반응을 한다고 해서 미러 뉴런이라는 이름이 붙었다.

공동주의 이외에도 인간은 학습속도를 가속화하는 다양한 체제를 갖고 있다. 그것들은 진화의 과정에서 만들어졌다. 한편으로 감정이나 본능—불쌍한 사람이 있다면 공감하고 도와주고 싶어진다— 등 사회적 동물로서 살아가기 위한 능력이 생겨났다. 그러한 의미에서 인간은 진화과정에서 획득한 수많은 능력과 기능을 갖춘 존재라고 생각한다.

앞서 인간의 의식이 이사회와 같다는 말을 했다. 인간이 얻는 정보 중에서 인간이 의식하는 것은 지극히 일부분에 지나지 않는다. 뇌가 이해한 데이터들 중에서 중요한 부분만을 간추려 의식으로 올리고 있기 때문이다. 인간은 많은 정보를 인식할 수 없지만, 그것들에 의지하여 지능이 구성된다고 생각해도 좋다.

많은 사람들은 인간과 다른 존재를 구별하는 특징이 '생각하는' 것이라고 말해 왔다. 적어도 AI 연구의 세계는 '생각하는' 일에 오랫동안 초점을 맞추어왔다. 그러나 인간의 지능은 '이층건물'이다. '생각하는' 행위를 지탱하는 '느끼는' 것, 여러 가지 데이터를 모아 거기서 중요한 것을 추출하는 과정도 불가결하다. 오히려 긴 진화의 역사 속에서는 그것이 주역이었다. '이층'만이 주목되는 경향이 있지만, 양 층위 간의 상호작용이야말로 인간 지능의 본질이라고 생각한다.

## 강의 5
# AI의 화상인식기술로 삶은 어떻게 변화할 것인가?

이 책을 읽는 사람 중에서 'IoT'라는 말을 처음 듣는 사람은 별로 없을 것이다. 'Internet of Things'. 가전을 비롯해 세상의 여러 사물들이 인터넷을 통해 연결된다는 세계관이다. 동양어권에서는 '사물 인터넷'이라 번역하는데, 영어의 'things'는 사물뿐만 아니라 사건도 의미한다.

인터넷과 연동된 가전이라 하면 다양한 상황을 떠올릴 수 있다. 예를 들어 에어컨이 인터넷에 연결되어 있어, 더운 날 집에 도착했을 때 방이 시원해지도록 밖에서 스마트폰으로 온도 조절을 한다. 전기를 끄지 않은 것을 깨닫고 밖에서 조작해서 끈다. 혹은 떨어져 사는 고령의 부모님이 전기제품을 사용한 기록이 인터넷을 통해 가족에게 전해지면 "오늘도 잘 지내시는구나."하고 안부를 확인할 수도 있다.

이것은 단순한 사례지만, 더 여러 가지로 응용될 수 있다.

예를 들어 심층학습의 발전에 따라 화상인식이 더욱 향상되면, 집안에 있는 사람의 컨디션에 맞추어 온도, 습도, 조명 등을 잘 조절할 수 있을 것이다. 즉 그 사람에게 가장 쾌적한 온도와 조명 상태를 찾아내 에어컨이나 조명을 자동으로 조절할 수 있다. 이번 강의에서는 심층학습이 우리 생활에 가져올 커다란 변화는 무엇일지 생각해 보겠다.

## 클라우드 컴퓨팅과 엣지컴퓨팅

IoT 가전으로 자동적으로 쾌적한 실내 상태를 유지하려면, 방대한 데이터를 실시간으로 분석하고 처리해야 한다. 그러한 데이터는 어디서 어떻게 처리될까?

우선 실내 데이터가 센서를 통해 들어온다. 이 정보를 실내에 있는 컴퓨터나 디바이스로 처리할 수도 있고, 인터넷상의 서버로 처리할 수도 있다.

예를 들어 음성인식으로 번역을 할 경우, 음성데이터를 클라우드에 보내 거기서 심층학습을 사용해 번역하고, 이것을 다시 단말 장치—예를 들어 스마트폰—로 보내주는 방법이 있다. 이렇듯 클라우드의 서버를 활용한 처리를

'클라우드 컴퓨팅cloud computing'<sup>*</sup>이라고 한다.

이 방법은 정보가 다른 서버로 이동하므로 정보가 멀리 갈수록 처리시간이 걸린다. 데이터를 빨리 처리하고 싶을 때는 수중에 있는 단말기에서 처리하는 것이 좋을 때도 있다. 이 방법을 '엣지 컴퓨팅edge computing'<sup>**</sup>이라고 한다.

최근에는 번역모델도 콤팩트해져서 단말장치에서도 처리할 수 있게 되었다.

예를 들어 공장의 기계에서 무언가 센싱sensing―센서를 이용해 데이터를 계측하는 것―하여 그것을 공장 로봇의 움직임에 반영할 때, 공장 안에서 정보처리를 할 수도 있지만 공장 밖의 클라우드로 정보를 보내서 거기서 처리할 수도 있다. 계산기의 자원이 풍부하기 때문에, 클라우드로 보내는 것이 더 여러 가지 일을 할 수 있다. 그러나 전체적인

---

\* 역주-클라우드 컴퓨팅은 인터넷 등 컴퓨터 네트워크를 통해서 클라우드 서버에 모아진 컴퓨터 자원을 서비스의 형태로 제공하는 방식이다. 즉 사용자가 인터넷을 통해서 각종 처리 서비스를 받는 방식을 가리킨다.

\*\* 역주-엣지 컴퓨팅은 엣지처리라고도 불리는데, '단말기 가까이에 서버를 분산배치하는' 네트워크 방식의 하나다. 사용자의 단말기 가까이서 데이터를 처리함으로써 상위시스템에 대한 부하나 통신지연을 해소할 수 있다.

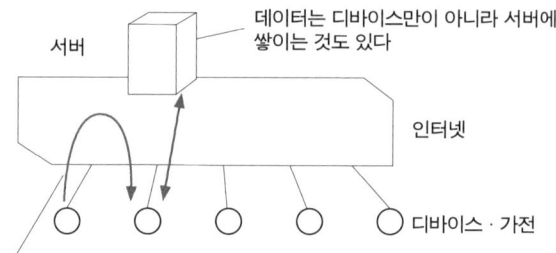

서버

데이터는 디바이스만이 아니라 서버에 쌓이는 것도 있다

인터넷

디바이스 · 가전

데이터는 네트워크를 통해 처리되는 것도 있지만, 디바이스(단말기) 안에서 처리되는 것도 있다

그림 12　클라우드 컴퓨팅과 엣지 컴퓨팅

속도는 늦어진다.

상황에 따라 엣지 컴퓨팅과 클라우드 컴퓨팅은 달리 사용된다. 클라우드에 있는 데이터를 사용해 학습하고, 학습한 결과를 엣지, 즉 단말기로 돌려주는 경우가 많다.

인터넷 기술의 진전으로 하나의 장소, 하나의 가전 안에서 처리가 완결되는 것이 아니라, 여러 사물들을 연결하여 처리할 수 있게 되었다. 그 상황에서는 어디서 어떤 계산을 하도록 할지 잘 설계할 필요가 있다.

IoT라는 개념 그 자체는 실은 꽤 오래 전부터 있었다. 약간 시간은 흘렀지만 '유비쿼터스 컴퓨팅ubiquitous computing'*이라는 말이 화제가 된 적이 있다. 컴퓨터가 여러

---

＊　역주–유비쿼터스 컴퓨팅은 컴퓨터가 어디든 존재하고, 언제 어디서라도 컴퓨터를 사용할 수 있는 상태를 가리킨다.

환경 속에 녹아들어가 있다는 뜻이다. 이것은 사실상 지금의 IoT 개념과 같은 것이다. 말이 바뀌면서 점차 현실화되고 있는 것이다.

한편 IoT화가 진행되면 생활의 기록이 데이터로 클라우드에 축적된다. 극단적으로 말하자면 사람이 어디서 무엇을 하는지 다 기록된다. 이것은 프라이버시 문제와도 관계된다. 때문에 어떠한 정보를 어떠한 목적으로 사용할지는 여러 이용 상황을 충분히 고려해야만 한다.


## 이미지 센서는 인간의 '눈' 역할

그런데 심층학습은 화상이나 영상 처리에 자주 사용된다. 화상이나 영상은 IoT에서 어떠한 역할을 할까?

화상이나 영상은 보통 이미지 센서로 찍는다. 센서에는 여러 종류가 있는데, 예컨대 온도 센서는 온도를 재는 목적으로, 가속도 센서는 가속도를 측정하는 목적으로 사용

---

이 개념은 최초로 팔로알토 연구소의 마크 와이저Mark Weiser(1952~1999)가 『사이언티픽 아메리칸Scientific American』에 기고한 「21세기 컴퓨터」에서 컴퓨터가 "환경에 정확히 녹아들어가 있는" 모습을 표현하기 위한 용어로 사용되었다.

된다. 요컨대 온도 센서나 가속도 센서와 같은 센서는 특정한 목적을 위해 측정을 한다.

반면 이미지 센서는 특정한 목적이 없다. 사람은 센서가 포착한 화상이나 영상을 보고, 예컨대 "땀을 흘리고 있구나.", "덥구나.", "빨리 달리고 있구나."하는 것들을 읽어낼 수 있다. 인간으로 하자면 바로 '눈'에 가까운 역할을 하고 있다.

즉 범용성이 높기 때문에 여러 가지 목적에 따라 처리를 변화시킬 수 있다. 다른 센서의 경우 목적이 달라지면 센서 자체를 새로 만들어야 한다.

지금까지는 이미지 센서의 인식, 즉 인간으로 하자면 시각피질에서 행하는 처리를 실현하기 어려워서 그리 많이 사용하지는 않았다. 그런데 심층학습이 발전한 덕분에 기존 센서들에 비해 이미지 센서가 폭넓은 가능성을 갖게 되었다. 이후 더욱 다양한 형태로 활용될 것이다.


## 인간의 활동을 데이터화하다

이번에는 센서와 심층학습의 관계에 대해 생각해보겠다.

우선 센서에서 입력되는 정보가 있다. 그 정보로부터 무언가 추론하고 출력한다. 그래서 입력과 출력의 쌍을 많이 마련해 학습을 한다. 이것은 다른 경우와 마찬가지다.

예를 들어 어떤 집에 사는 사람이 커피를 마실지 예측한다고 하자. 이를 위해 방의 상태와 사람의 움직임에서 데이터를 모을 수 있다. 한편 커피 메이커에 센서가 있다면 사용했는지 여부를 알 수 있다. 따라서 그 사람의 움직임과 연관해 커피를 마실 것인지 예측하도록 학습시킬 수 있다. "이러한 움직임을 보이면 그 다음에 커피를 마신다." 대량의 데이터로부터 예측하는 것이다. 그리하여 그 사람이 커피를 마실 것으로 판단되면, 커피를 내리기 시작한다. 이게 실제로 가능해지면 대단히 편리하지 않을까?

예측 대상을 보통의 센서로 모을 수 있는데, 예를 들어 커피 메이커에 센서가 있다면 커피를 마실지 여부를 데이터로 모을 수 있다. 그런데 어떤 사람이 과자를 먹을 것인지를 예측하는 것은 어떨까? 혹은 공부할 것인지를 예측하는 것은 어떨까? 커피메이커의 경우와 같이 어딘가에 센서를 붙인다 해도 손쉽게 행동의 데이터를 모을 수는 없을 것이다.

한편 이미지 센서와 심층학습을 조합하면 다양한 것을 인식할 수 있다. 예를 들어 우리는 사람의 행동을 보고, "아, 이 사람이 집중하고 있구나." 혹은 "집중하고 있지 않구나."하는 것을 감각적으로 안다. 그러나 우리는 지금까지 그것을 데이터 형태로 모을 수 없었다.

이미지 센서가 하나 있으면, 심층학습을 활용해 사람이 얼마나 집중하는지를 계측할 수 있다. 그러면 인간이 집중할 수 있는 환경을 만들고 싶을 때, 그 사람에게 맞게 온도와 습도, 음악과 조명 등을 바꾸어 보다 집중할 수 있는 환경을 만들도록 학습할 수도 있다.

그 밖에도 예를 들어 식물의 성장에 AI를 활용하는 것도 생각할 수 있다. 지금까지는 개별 농가가 비료나 물주기, 가지치기 방법 등을 궁리해 그 경험치를 쌓아왔다.

최근에는 식물재배나 품종개량 등을 위해 빅데이터 분석을 도입하는 경우도 있다. 온도와 습도, 흙의 상태를 계측하고 그것을 관리함으로써, 수확량을 늘리거나 품질을 개선하는 일이 이루어지고 있다.

하지만 가장 중요한 식물들이 건강하게 자라고 있는지는 알 수 없었다. 키높이 같은 것은 잴 수는 있지만, 크기만 하면 되는 것이 아니라 정말로 건강하게 자라는지가 중요하다. 나아가 잎이나 줄기를 성장시키는 영양성장, 그리고 꽃이나 열매를 성장시키는 생식성장의 단계를 잘 변화시키는 것도 중요하다. 이것을 심층학습으로 계측할 수 있다면, 조건을 어떻게 변화시켜야 건강해지는지를 분석해 최적의 설정을 할 수 있다.

이처럼 이미지 센서라는 '눈'과 심층학습이라는 뇌 '시각피질'을 함께 사용할 수 있게 된다. 나아가 IoT로 다른 센서와 액추에이터를 연결한다. 이로써 더욱 다양한 것들을 할 수 있게 된다.

화상인식에서 AI가 인간의 정밀도를 넘어선 것은 아무리 강조해도 지나치지 않는 의의를 갖고 있다. 왜냐하면 인간이 '눈'을 사용하여 인식하고 판단하는 일들이 대단히 많은데, 그 모든 것을 자동화, 기계화할 수 있는 가능성이 생겼기 때문이다.


## 오감 중에서 AI가 잘하는 것과 못하는 것

인간에게는 오감이 있다. '시각', '청각', '후각', '미각', 그리고 '촉각'이 그것이다.

이 중에서 AI나 로봇의 눈에 해당되는 부분은 빛을 포착하는 감각이다. 그런데 심층학습이 발전하기 전에는 이 정보를 처리하는 것이 매우 어려웠다. 또 청각, 즉 소리를 인식하는 것도 힘들었다. 음성인식도 심층학습으로 단숨에 정밀도가 높아졌다. 시각과 청각 데이터의 분석에서 커다란 진보가 나타나고 있다.

이 두 가지 중에서 시각이 훨씬 우위에 있다고 생각한다. 예를 들어 '사람이 걷고 있다', '사람이 춤추고 있다', '사람이 넘어졌다' 등의 상황은 시각으로 인식하기 쉽다.

빛은 우리가 사는 환경 속에 엄청나게 존재하며, 수동적으로 수신하는 것만으로도 많은 정보를 얻을 수 있다.

이에 비해 소리는 언제나 환경 속에 있는 것이 아니다. 퍼지거나 반사되기 때문에 음원을 특정하기가 어렵다. 예를 들어 '퍼억'이라는 소리가 나면 '누가 넘어진 것 같다'는 것은 알지만, 구체적으로 누가 넘어졌는지 세세한 상황은 모른다. 그런데 이미지 센서와 심층학습의 조합은 매우 큰 가능성을 열어준다.

한편 어려운 것이 후각과 미각이다. 실은 미각 중에서 기본적인 단맛이나 쓴맛 등을 제외하면, 거의 모든 세세한 맛은 후각 정보에서 생긴다고 여겨진다. 입안에 들어온 것을 코를 통해 느끼는sensing 것이다. 코에는 공기 속에 있는 여러 가지 화학물질을 감지하는 센서가 있어서, 우리가 맡고 있는 이른바 '냄새'를 만들어낸다. 인간의 후각도 또한 생물로서 위험한 것을 감지하기 위해 진화해 왔다.

이 후각이나 미각에 해당하는 것이 화학물질을 감지하는 '화학센서'다. 인간은 수백 종류의 화학센서를 갖고 있는 것으로 알려져 있다. 이 센서는 냄새를 맡을 수 있는지 여부, 즉 그 물질을 감지할 수 있는지 여부가 중요하다. 그 정보를 처리할 필요는 없는 것이다. 그러니까 심층학습과 같은 복잡한 처리를 할 필요도 별로 없다.

촉각은 '압력센서'—압력을 감지해 이 압력의 크기에 따라 그것을 전기신호로 변환하는 장치―의 정보를 이용한다. 우리가 '매끈매끈', '까칠까칠'하다고 느끼는 것은 압력센서의 시계열 정보다. 이것도 심층학습의 효과를 기대해볼 수 있는 영역이다.

뒤집어서 인간의 오감을 AI로 치환해 생각해 보면 지금까지와는 다른 모습으로 다가올 것이다.


## AI가 개척하는 식품 산업의 미래

이번에는 인간의 생명활동과 끊을래야 끊을 수 없는 '먹는' 행위와 AI의 관계에 대해 살펴보자.

AI 개발은 다양한 영역에서 진행되고 있는데, 나는 먹거리야말로 일본이 AI를 활용해 세계와 승부할 수 있는 영역이라고 생각한다.

원래 식품산업은 심층학습의 인식과 액추에이터―이 경우 기계나 로봇―의 작업을 결합시키기에 매우 좋은 조건을 갖추고 있다고 나는 생각한다. 우선 식품 산업의 현상을 개관해 보자.

식품산업은 맥주회사가 압도적인 규모를 차지하고 있으며, 그 이외에 1조엔을 넘는 매출 규모를 갖고 있는 회사는 몇 개 안된다. 햄 등 육류가공, 제빵, 과자류, 유제품,

조미료, 청량음료 등이 뒤를 잇고 있으며, 그 다음으로 매출 2,000억~3,000억 엔 이하의 중견기업이 아주 많다.

이 산업규모의 차이는 소재의 가공처리에 어느 정도 '눈'이 필요한지와 연관된다. 맥주, 캔커피 등 음료가공은 자동화가 가능하며 대량생산이 쉽다. 한편 소재가 중요한 가공식품은 대단히 취급이 어려워진다. 식육이나 어패류, 과일, 채소를 취급하는 일에는 '눈'이 필요하기 때문이다.

닭이나 돼지 등 매달린 고기는 손작업으로 해체한다. 새우껍질은 손으로 벗긴다. 과일의 크기 선별도 손작업이다. 노하우와 전용설비가 필요해서 자동화되지 않았다. 자동화되는 경우도 식품전용의 특수한 설비가 반드시 필요하다. 현재 대규모로 중간가공을 하는 것은 편의점 반찬이나 도시락, 패밀리 레스토랑의 센트럴 키친, 냉동식품 등으로 모두 사람 손을 쓰고 있다.

즉 아직 자동화되지 않은 가공공정이 대량으로 존재한다. 가정요리도 기본적으로 사람 손에 의지하고 있다. 세계 각국도 같은 상황이다. 식품업계는 심층학습의 등장으로 공급 체인supply-chain 전체가 크게 변화할 가능성이 높다.

외식업체도 인건비의 비중이 큰데 심층학습을 통해 극적으로 변화할 수 있다. 현재 외식산업에서 가장 자동화가 진행되어 있는 것은 주문과 배식이다. 최근에는 회전스시가 손님이 사용한 접시를 자동으로 헤아리고 있다. 지금까지는 밥을 주무르는 것이 자동화의 한계였다. 심층학습을 사용한 실용화가 진행되면, 로봇이 생선재료를 적절한 사이즈로 잘라 밥 위에 올리는 것까지 할 수 있게 될 것이다.

소고기 덮밥, 카레 등의 체인점, 햄버거 등의 패스트푸드점, 패밀리레스토랑 등 대형음식점도 요리가 자동화됨으로써 생기는 유인이 클 것이다. 얼마전에 '원맨 가게'—혼자 가게를 꾸려 나가는 것—가 문제가 된 적이 있다. 그런데 사람을 줄이는 것이 가게의 이익으로 직결되는 외식 체인에서는 서서히 기계로 자동화되어 조만간 전자동으로 요리하게 될 것이다. 주방을 자동화할 수 있다면 그 의의는 상상을 넘어설 것이다.

일본의 음식수준은 매우 높다. 하지만 해외로 그다지 확산되지 못하고 있다. 왜냐하면 요리기능이 요리사에게 얽매여 있어서 세계 도처로 나아갈 수 없기 때문이다. AI를 활용하면 일본의 요리와 그 기술이 요리로봇, 요리기계의 형태로 세계로 펼쳐나갈 수 있을 것이다.

일류 요리사만이 할 수 있는 요리는 무리겠지만, 정해진 것을 안정된 품질로 만들 수는 있다. 자동화된 요리로봇을 해외로 가지고 나가면, 전 세계에서 일본의 요리사가 일하는 것과 같은 상황이 만들어진다. 현지에서 필요한 작업을 따로 하지 않아도 일본과 같은 품질의 음식을 제공할 수 있다. 그리고 그 나라의 문화에 맞는 음식을 제공할 수도 있다. 시장은 매우 클 것으로 생각한다.


## AI는 오리지널 레시피를 만들수 있을까?

앞서 말한 것처럼 정해진 레시피를 지시받은 대로 잘 만드는 것은 자동화된 요리로봇으로도 할 수 있다. 그러나 독창적인 요리를 처음부터 만들어 내는 것은 인간만이 할 수 있다.

현재 AI로 레시피를 개발하려는 시도가 이루어지고 있다. 많은 레시피 데이터를 분석해 식자재를 조합하는 새로운 패턴을 찾아내거나, 영양에 관한 여러 지식들도 종합적으로 더해서 레시피를 제안한다.

프로그램에서 소개한 AI '왓슨Watson'*은 기존의 요리 사진에서 소재를 추출한다. 요리의 방대한 데이터베이스

---

\* 역주-왓슨은 IBM이 개발한 AI 질의응답 시스템이자 의사결정지원 시스템이다. 이를 IBM은 'Augmented Intelligence', 즉 확장적 지능으로서 자연언어를 이해, 학습하고 인간의 의사결정을 지원하는 '인지 컴퓨팅 시스템Cognitive Computing System'이라 정의한다. 이 왓슨이라는 이름은 IBM의 실질적 창업자인 토머스 왓슨Thomas J. Watson에서 따왔다.

**그림 13    AI '왓슨'이 만들어낸 레시피를 재현한 요리**
(프라이드 포테이토를 치즈와 다른 채소와 버무린 것)

를 기초로 우선 각각의 요리를 해석해 간다. 요리 만드는 방법도 데이터베이스에 포함되어 있기 때문에, 거기서 레시피를 이끌어낸다. 일종의 검색 엔진이다. 한 실험에서는 65%의 확률로 올바른 레시피를 도출할 수 있었다고 한다.

현시점에서 화상만으로 레시피를 제안하기는 어려울 것이다. 그러나 데이터가 증가할수록 당연히 요리를 추정하는 확률도 올라갈 것이며, 요리법 데이터가 증가하면 검색의 정밀도도 향상될 것이다.

요리 화상을 이용해 요리의 영양정보를 추출해내는 시스템은 이미 실용화되고 있다. 더 나아가 AI가 "칼로리가 너무 많아요.", "이 영양소가 부족합니다."와 같이 충고하는 서비스도 시도되고 있다.

AI를 잘 사용하면 손님의 반응을 관찰할 수 있다. 가게에 설치한 카메라로 '누가 무엇을 먹었는지', '맛있어 보이는 표정이었는지', '얼마나 남겼는지'를 얼굴인식과 표정인식 기술을 조합해 분석할 수 있다. 웹사이트 이용자의 행동을 분석하는 '구글 어낼리틱스Google Analytics'라는 서비스가 있는데, 그 음식점판인 셈이다.

어떤 메뉴의 평균 식사시간이나 식사비율, 그 후 표정의 평균점수, 그 손님의 반복적 방문률 등을 계산하면, 그메뉴가 어느 정도 점수를 받았는지 알 수 있고 레시피 개발과 연계할 수 있다.

맛의 취향이 다른 각국의 식당에서 데이터를 수집한다면 각국의 기호에 따라 레시피를 수정해갈 수도 있을 것이다. 일본인이 좋아하는 맛이라도 다른 나라 사람들의 입맛에는 맞지 않는 경우도 많다. 요리가 자동화되면 그러한 차이를 요리로봇용 레시피—요리공정을 로봇용으로 기술한것—에 반영시켜 입력하면 된다.

'누가 어떤 요리를 좋아하고, 어떤 요리를 싫어하는지' 개별 데이터를 축적하면, 거기에 기반하여 AI로 개인의 미각과 종교, 건강상태에 최적화된 요리를 만들 수 있다.

요리로봇을 통해 요리와 식품을 안정적으로 온 세상 사람들에게 보낸다. 외국 사람들의 입맛에도 맞는 새로운 메뉴를 지속적으로 개발한다. 그런 미래가 꿈만은 아니다.

'음식에 대한 집착이 강하다', '섬세하고 청결한 것이 좋다', '기계류 등의 제조업이 특기다', '물류 시스템의 구축에 능숙하다'. 이러한 일본인의 특성, 일본기업의 장점을 생각하면, AI를 활용한 요리의 자동화나 기계화는 일본에게 큰 개척지가 될 수 있을 것이다.

## 화상인식의 다음은?

화상인식의 정밀도가 비약적으로 높아짐으로써 다양한 분야에서 AI를 활용한 제품과 서비스의 실용화가 진행되고 있다.

자율주행이 빠른 속도로 실용화에 근접하고 있다. 그리고 화상을 통해 이루어지는 의료진단도 인간 의사醫師를 넘어설 수 있는 정도까지 발전하고 있다.

〈강의 4〉에서 이야기했지만, 화상인식의 다음 단계에는 심층학습과 강화학습을 결합한 심층강화학습이 중요한 역할을 할 것이다. 특히 심층강화학습이 신체성을 획득한다면 산업계에 큰 영향을 줄 것으로 예상된다.

화상인식 기술은 여러 사물을 능숙하게 파악하고 충돌하지 않고 차를 운전할 수 있도록 해준다. 그런데 그것을 실제 동작으로 옮기는 기술이 결합함으로써 지금까지 로봇이 하기 어려웠던 임무를 할 수 있게 되었다. 심층강화학습으로 지금까지 인간이 눈으로 직접 보고 인식하고 판단해야 했던 일을 자동화할 가능성이 높아지고 있다.

나는 이 기술이 앞서 말한 음식 분야에서 시작해, 농업, 건설업까지 응용될 것으로 생각한다. 이들 분야에서의 작업은 현재 상태에서 거의 모두 인간이 하고 있다. 상당한 일손 부족에 빠져 있는 업계도 있는데, 여기에 AI가 커다란 역할을 할 여지가 있다.

예를 들어 농업에서 아직까지 완전한 자동화와 기계화가 실현되지 못한 이유가 있다. 인간의 손발을 대체할 로봇을 만든다 해도 눈眼이 없었기 때문이다. 수확이나 솎아내기, 제초 등의 작업을 완벽히 소화하려면, 경험을 통해서 만들어진 확실한 눈이 필요하다. 건설도 마찬가지다. 철근을 조립하고, 용접하고, 콘크리트를 부어넣는 건설현장의 모든 작업에 반드시 눈이 필요하다.

사람이 눈으로 보고 손으로 하던 일이 성큼 기계화될 때 무슨 일이 벌어질지 곰곰이 생각해 볼 필요가 있다.

아마존은 1990년대부터 책 소매가 실제 서점이 아니라 전자상거래로 이행할 것으로 예상하였다. 그런데 오늘날에는 책뿐만 아니라 거의 모든 상품이 전자상거래EC로 판매되고 있다.

인터넷은 일본에게 매우 불리한 싸움이었다. 그러나 AI

의 '눈'과 손 기술을 어떻게 활용할지 하는 점에서는 일본 기업이 강점을 살릴 수 있는 여지가 많다.

예를 들어 음식 분야는 향후 10년, 20년 단위로 전체적인 자동화가 진행되어 갈 것이다. 음식 영역에서—혹은 농업이나 건설 영역에서도— 글로벌한 기업이 탄생할 것이다. 90년대에는 아마존이 세계의 서점을 하나로 통합하고 세계 제일의 기업으로 부상할 것이라고 아무도 믿지 않았다. 논리적으로 이와 똑같은 일이 음식업계에서도 발생할 것이다.

::

## 강의 6
# AI와 인간은 융합할 것인가?

지금까지 다섯 차례에 걸쳐서 AI와 인간의 닮은 점과 다른 점에 주목하면서, "AI란 무엇인가?", "인간이란 무엇인가?"라는 질문에 대해서 생각해왔다.

AI는 아직도 진화의 도상에 있다. 그래서 여러 분야에서 인간을 넘어서는 발전을 성취하고 있지만, 다른 한편 멀찌감치 인간에 미치지 못하거나, 원래부터 AI에게 무리하게 맡기지 않아도 되는 종류의 일도 많이 있다.

AI 연구의 세계는 발전의 속도가 너무 빨라 5년후, 10년후 어떻게 될지 모른다. 그런데 다가올 미래 사회에서 AI와 인간의 거리가 현재보다 무척 가까워질 것이라는 점은 분명하다.

이번에는 AI와 우리 인간이 어떤 미래를 맞이할 것인지 고찰해보도록 하겠다.

# 기능 확장: 100 % 기계 인간?!

여러분 중에는 '2025년 문제'라는 말을 알고 있는 사람도 많을 것이다. 간단히 설명하면 2025년에는 이른바 베이비 붐 세대가 고령자가 되고, 일본인 세 명중 한 명이 65세 이상이 된다. 이러한 고령 사회에서 일어날 수밖에 없는 사회적 문제를 '2025년 문제'라 한다.

현재도 사회보장비나 의료비의 부담액 증가 등 많은 과제가 제기되고 있다. 그리고 노동력이 감소할 것이므로 AI나 로봇의 활용에도 큰 기대가 모아지고 있다.

AI와 로봇은 사람의 생활을 돕는 기술로 크게 활용될 수 있다. 가령 고령자의 이동을 원활하게 도와줄 일인용 자율주행 자동차나 자율주행 휠체어를 생각해볼 수 있다. 보행을 도와주고 무거운 짐을 들어주는 로봇도 나오고 있다.

대단히 세세한 의식의 제어 속에서 인간의 손발은 움직인다. 보통 기계적으로 걷고 있는 것처럼 보여도 사실은 다음에 자신의 발을 어디에 내디뎌야할지 뇌가 결정하고 있다. 매우 복잡한 기계겠지만 가까운 장래에 AI를 탑재한 의수나 의족이 등장할 수도 있다. 이미 AI의 도움으로 생각대로 움직이는 의수가 개발되고 있다. 이렇게 되면 장애가 있더라도 보행 중에 넘어지거나 도로 턱에 걸릴 염려 없이 잘 이동할 것이다. 그리고 물건도 자유자재로 옮길 수 있을 것이다.

심층학습 기술이 진보함으로써 화상인식의 정확도가 높아졌다. 그리고 심층강화학습 기술로 로봇의 동작이 향상되고 있다. 이것을 잘 활용하면 노인들을 능숙하게 보조할 수 있다.

AI에서 조금 화제는 바뀌지만, 의수나 의족에 그치지 않고 인공장기도 보편화될 가능성이 크다. 더 나아가 눈이 불편한 사람의 뇌 시각피질이나 해마를 기계가 보완할 수도 있다. 이렇게 되면 인체의 어디까지 기계가 대체하게 될까?

이런 일이 진행되면, 공상적인 이야기지만 처음에는 인간의 10 % 정도가 기계였던 것이 30 %, 50 %가 되고, 이윽고 90 %까지 되어 마침내 100 % 모두가 기계로 대체될 수도 있다. 이 상태를 과연 인간이라 할 수 있을까?

더 현실적인 얘기로는 장애인 올림픽에 출전한 의족을 한 선수가 결과적으로 올림픽 선수보다 더 좋은 기록을 내는 일도 있을 것이다. 몸의 불편을 보완적으로 해소하고자 시작한 일이 급기야 신체기능을 전반적으로 향상시키는 결과를 만들 수도 있다.

의수와 의족, 그리고 파워수트power suit의 목적은 무엇일까? 사람의 생활을 돕기 위한 것일까? 아니면 신체기능을 향상시키기 위한 것일까? 이에 대해 지금 우리들은 기본적으로 규칙을 정해 제어해야만 할 것이다. 당사자의 의향, 그리고 사회가 나아가야 할 방향을 고려하면서 이 문제를 검토해야 한다.


## 새다움, 인간다움

지금까지 보아온 것처럼 심층학습으로 AI 연구자가 달성하려 한 것들이 차례차례 실현되고 있다. 이것은 향후 우리의 생활도 크게 변화시킬 것이다. 개인적으로는 문자의 발명에 필적할 정도로 인류사에서 매우 큰 의미를 가지는 일이 일어날 수도 있다고 본다.

갑작스럽지만 여기서 질문을 하나 하겠다.

새를 규정하는 특징은 무얼까? 〈강의 2〉에서도 새를 예로 들었다. 여러분은 어떻게 생각하는가?

"새의 특징은 나는 것이다."고 대답하는 사람도 많을 것이다. 그러나 이 '나는' 행동에는 원리가 있으며, 이를 공학적으로 활용하면 새가 아니라도 날 수 있다. 양력揚力, 즉 들어 올릴 수 있는 힘을 얼마나 만들 수 있는가? 나는 일은 새처럼 날개 짓을 해도 되지만, 제트 엔진으로 추진력을 만들고 날개를 통해 양력을 만들어도 된다. 인간은 양력을 이용해서 비행기를 만들었고 해외여행과 물류를

혁명적으로 변화시켰다.

나는 일은 조류鳥類가 생존경쟁에서 살아남기 위해 반드시 필요한 아주 중요한 특성이다. 그러나 새는 나는 것뿐만 아니라, 살아가기 위해 필요한 다양한 성질과 행동특성, 즉 '새다움'을 갖고 있다.

예를 들어 아침이 되면 운다. 둥지를 틀고 새끼를 키운다. 예쁜 색 깃털로 덮여 있다. 아침에 우는 것은 동족끼리 신호를 보내 적의 존재를 알리거나, 파트너를 찾아내 번식을 하기 위해서다. 둥지를 만드는 것은 안전하게 새끼를 기르기 위한 것이다. 암컷이 예쁜 색 날개를 가진 것은 수컷을 향해 구애하기 위한 것이다. 이렇듯 새의 구체적인 성질과 행동특성들은 생존이라는 목적을 달성하기 위한 노력의 결과고 진화과정에서 획득되었다.

그럼 인간은 어떠한가? 인간은 생존을 위해 지능을 발전시켜 왔다. 높은 지능은 인간이 자연세계의 생존경쟁을 이겨내는 데 유리했을 것이다.

나는 지능에도 새가 나는 것과 같은 원리가 있는데, 그것을 공학적으로 이용할 수 있다고 생각한다. 지금은 이미 심층학습으로 최대의 난관이 돌파되었다. 때문에 다음으로 AI가 신체성과 기호조작 시스템을 갖게 되면, 지능원리의 대부분이 설명될 것으로 본다.

그 때 AI와 인간이 같은 모습을 할 필요는 없을 것이다.

새와 비행기가 다른 모양을 하고 있듯이, 지능을 가진 기계는 인간형 로봇이 아니어도 된다. 그야말로 〈강의 5〉에서 이야기했던 AI의 산업적 이용 가능성이 중요하다. 그것이 '심층학습과 하드웨어가 결합한' 본질적 의미며 AI 기술의 바람직한 미래상의 하나다.

인간의 인지나 판단은 지금까지 인간에게만 주어져 있었다. 그것이 지금은 분리되어서 사회의 필요한 영역으로 배치되고 있다. 예를 들어 AI를 탑재한 로봇이 지금까지 인간만이 할 수 있다고 생각되던 요리나 정리, 농사일, 건축일 등에 배치되어 점차로 판단과 일을 해나갈 것이다.

나는 인간의 '인간다움'은 다른 곳에 있다고 생각한다. 그 '인간다움'은 인간이 수백만년 걸쳐 진화해 온 과정에서 생기고 발전시켜온 감정과 본능, 그리고 사회와 그 체계라고 생각한다. 인류는 생존을 위해 싸워왔다. 인간은 엄니나 뿔 등의 강한 무기가 없으며 힘 또한 약하다. 하지만 '살아야한다', '먹어야한다' 등등 생존욕구를 충족하기 위해서 동료를 만들고 적과 싸워왔다. 이것이야말로 인간성이다. AI가 아무리 보급되어도 이 인간성은 변함이 없을 것이다.

꽤나 미래의 일이겠지만, AI의 보급으로 인간은 어찌되었건 예컨대 직접적인 생산을 하지 않아도 될 것이다. 그러나 그와 전혀 무관한 영역에서 인간은 커뮤니티를 만들고, 가상적인 적을 만들며, 그 속에서 어떠한 형태로든 싸우고 동료와 공감하는 일을 지속하게 될 것이다. 그렇기 때문에 AI가 아무리 보급되어도 인간의 일은 없어지지 않을 것이다.

오늘날 일본의 산업별 취업인구를 시계열로 보면 제3차 산업의 인구가 늘고 있다. 한편 제1차, 제2차 산업에서 생산에 직접 참여하는 사람은 점점 줄어들고 있다. 역으로 말하면 지금의 생산능력으로 상당히 많은 사람이 일하지 않아도 된다. 가령 100년 전의 생활수준에 만족한다면 거의 대부분의 사람은 일하지 않아도 된다.

하지만 역시 인간은 "일하고 싶다."고 생각한다. 그리하여 예컨대 회사라는 조직을 만들어 논의하고 경쟁하고 있다. 이 '인간다움'은 아마도 없어지지 않을 것이다.

한편 불쌍한 사람을 보고 연민을 느끼거나 어떤 이상을 위해 모두가 협력하는 것처럼, 미덕의 '인간다움'도 분명 없어지지 않을 것이다.

인간은 여러 가지 결함과 다양성을 갖고 있다. 다양성을 가진 사람들이 협력해서 사회를 만든다. 그렇게 만들어진 사회에도 마찬가지로 결함이 있다. 하지만 그 결함까지도 포함해 인간과 사회는 아름다운 존재다.

## 기술적 특이점을 다시 한번 생각한다

'기술적 특이점Singularity'이라는 말이 있다. 이는 미국의 사상가이자 AI 연구의 권위자인 레이 커즈와일Ray Kurzweil*이 미래를 전망하기 위해 사용한 말이다. 그는 2045년경에 AI를 포함한 로봇공학Robotics, 유전자공학Genetics, 나노테크놀로지Nano-technology 등이 기술적으로 융합함으로써 인간의 지능을 크게 넘어선 초지능이 나타날 것이고 주장한다.**

커즈와일은 기술적 특이점에 대해 "생물로서 우리의

---

* 역주-레이 커즈와일(1948~)은 미국의 발명가, 사업가, 미래학자로 본명은 레이먼드 커즈와일Raymond Kurzweil이다. AI 기술의 세계적 권위자로 '기술적 특이점'에 관한 저술로 널리 알려졌으며, 발명으로는 옴니 폰트식 OCR 소프트, 음성 문장 읽기 장치 등으로 유명하다.

** 역주-레이 커즈와일은 2005년에 출간한 그의 저서『기술적 특이점이 온다』에서 21세기 전반부에 GNR 혁명이 발생하여, 산업 혁명에 버금가는 새로운 물결을 만들어낼 것이라고 예측하였다. 특히 2045년까지 인간과 유사한 '강인공지능 Strong AI'이 탄생할 것으로 예측해 충격을 주었다. 레이 커즈와일 저. 김영남, 장시형 역. 2005.『특이점이 온다: 기술이 인간을 초월하는 순간The Singularity is Near』. 김영사를 참조하라.

사고와 존재가 스스로 만들어낸 기술과 결합하는 임계점이며, 그 세계는 여전히 인간적일지라도 생물로서의 기반을 초월"할 것이라고 주장하고 있다.[*]

지금까지 강의에서는 심층학습으로 확장된 AI의 가능성과 비교하면서, 인간이 진화과정에서 발전시켜온 인간 다음에 대해 보았다. 약간 SF같은 이야기지만, 지금부터는 커즈와일의 기술적 특이점 논의에 따라 인간의 진화에 대해 보다 시야를 넓혀 보도록 하겠다.

커즈와일은 그의 저서 『기술적 특이점이 온다』에서 우주가 지금까지 걸어온 변화와 앞으로 맞이할 시대를 여섯 개의 시기로 나누어 설명한다. 차례로 각 시대를 살펴보자.

### 시기 1: 물리와 화학

빅뱅에서 수십만 년 걸쳐 원자가 탄생하고, 수백만 년 걸쳐 분자가 탄생했다. 모든 원소 중에서 가장 쓰임새가 넓은 탄소가 복잡하고 정보량이 풍부한 3차원 구조를 만든다.

---

[*] 저자주-레이 · 카―ツワイル (著). 2016. 『シンギュラリティは近い: 人類が生命を超越するとき』. NHK出版(Ray Kurzweil. 2005. *The Singularity Is Near: When Humans Transcend Biology*. Viking).

## 시기 2: 생명과 DNA

수십억 년 전에 지구가 탄생했다. 탄소 화합물은 점점 더 복잡해지고, 분자의 복잡한 집합체에 자신을 재생산하는 시스템이 가끔 갖추어지게 된다. 그 결과 생명이 탄생한다. 또 큰 분자의 집합에 관한 정보를 보존하기 위해 정확한 디지털 시스템을 진화시킨다.

## 시기 3: 뇌

초기 동물이 패턴을 인식할 수 있는 능력을 갖게 되었다. 최종적으로는 인간이 경험한 세계를 머릿속에서 추상적으로 모델화하고, 그 모델이 무엇을 의미하는지 이성적으로 생각하는 능력을 획득한다. 이것이 곧 학습이다.

진화가 아닌 학습을 통해 환경정보를 잘 파악해 행동할 수 있게 된다. 이 시기의 초기에는 예를 들면 곤충과 같이 많은 돌연변이를 낳고, 그 중에 몇 개가 살아남으면 그것들이 다시 여러 돌연변이를 만들어낸다. 이것은 유전자에 의한 진화 방식이다. 그러나 더 큰 개체가 자신의 행동 결과를 바탕으로 개체의 생명을 유지하면서 학습하게 되었다. 환경의 변화에도 불구하고 그 개체가 강해져 사회가 형성된다.

### 시기 4: 기술

이성적, 추상적인 사고를 함과 더불어 엄지손가락과 다른 손가락을 잘 사용해 물건을 능숙하게 잡을 수 있게 되면서 기술을 만들어낸다. 우선은 단순한 기계에서 시작해 정밀한 자동장치로 발전한다. 기술 자체가 정보의 패턴을 감지하고, 저장 및 평가를 할 수 있게 된다. 그리고 우리가 잘 아는 현대사회가 생겨났다.

### 시기 5: 인간의 기술과 지성이 융합되다

수십 년 후 인간의 뇌에 축적된 대량의 지식과 인간의 기술 능력이 융합되어 기술적 특이점에 도달한다. 즉 인간과 AI가 융합한다.

### 시기 6: 우주가 각성한다

기술적 특이점이 도래한 뒤 인간 뇌의 지능과 인간 기술로서의 지능이 우주 속에 있는 물질과 에너지에 충만하게 된다. 지능은 물질과 에너지를 재구성하여 컴퓨팅의 최적 수준을 실현하고 지구라는 기원을 떠나 우주로, 밖으로 향해 감으로써 이 단계에 도달한다.

## 인간이 '인간다움'으로부터 해방될 때

커즈와일은 〈시기 6〉에서 "우주가 각성한다."고 말한다. 언뜻 이유는 잘 이해되지 않으나, 논리적으로 생각해 보면 타당한 결론이라고 말할 수도 있다.

이 책에서 반복해서 말해 왔지만, 생명이 생존하기 위한 진화적인 체계로서 다양한 본능과 감정, 인간적 가치와 선악, 그리고 사회와 교육을 만들어 왔다. 그리고 인간은 패턴을 학습하고 문제해결의 수단인 지능도 발달시켜 왔다. 궁극적으로 이것들은 생존을 위한 것이다. 개체의 차이는 있지만 인간은 항상 자기보존과 자기재생산 확률을 최대화하려고 노력하고 있다.

2018년 이스라엘의 역사학자인 유발 노어 하라리Yuval Noah Harari[*]의 『호모데우스』라는 책이 번역되어 화제가 되었다. 하라리는 그 책에서 인류사를 조감하면서 테크놀로지를 이용해 세계와 자기 자신을 창조적으로 변화시켜 가는 인간의 노력을 묘사하고 있다. 그의 이야기 속에서

---

[*]  역주-유발 노어 하라리(1976~)는 이스라엘의 역사학자로 헤브라이대학 역사학부 교수다. 세계적인 베스트셀러인 『사피엔스: 인류사통사』, 『호모데우스: 미래사통사』의 저자로, 자유의지와 의식, 지능에 대해 논하고 있다.

중요한 의미를 가진 키워드는 바로 '불사不死'다.[*]

사람이 로봇이 되어 죽지 않게 된다. 생물공학과 유전자공학, 로봇공학이 진전됨에 따라 의수와 의족을 장착할 수 있고, 장기를 재생할 수 있으며, 그리고 뇌의 체계를 모방해 컴퓨터에 데이터화하는 '마인드 업로드'가 등장한다.

커즈와일이나 하라리와 마찬가지로, 나도 미래에 인간이 AI와 '공존'하기보다는 '융합'해갈 것으로 생각한다. 자기보존과 자기재생산 확률을 최대화하기 위한 노력은 인류사와 생물역사, 그리고 지구역사를 통해 계속되어 왔다. 향후 그것은 AI와 융합해서 인류 전체차원에서 이루어질 것으로 나는 생각한다.

## 전체가 지식을 공유하고, 전체가 학습하는 미래

향후 수십년부터 수백년 안에 인간은 기술 진전으로 '불사'의 단계로 나아갈 수 있다. 자신의 보존확률을 최대화

---

[*]  역주-Yuval Noah Harari. 2014. *Sapiens*: *A Brief History of Humankind*. London: Harvill Secker; Yuval Noah Harari. 2015. *Homo Deus*: *A Brief History of Tomorrow*. London: Harvill Secker.

해가면 언젠가는 가능해질 것으로 생각한다.

　이를 생각할 때 다시 떠오르는 것이 '하이퍼 파라미터 hyper-parameter'다. 〈강의 2〉에서 설명한 바와 같이, 이것은 원래 개발자가 설정하지만 최근에는 그것을 학습의 문제로 파악해 AI가 스스로 학습해서 설정하는 방법도 나오고 있다.

　인간의 경우의 하이퍼 파라미터—예컨대 뉴런의 수와 종류, 초기구조, 학습률 등—는 유전자를 통해 진화적으로 결정될 것이다. 하이퍼 파라미터를 학습함으로써, 어떤 의미에서 진화과정을 뛰어넘기 시작했다고 할 것이다. 보다 정확하게는 본래 진화를 통해 이루어야 할 것을 학습으로 대신 이루어내는 기술이 탄생하고 있다는 느낌이다.

　생물의 경우 유전자에 입력해 진화를 통해서 조정하던—환경속에서 생존하기 쉬운 것이 적자생존으로 증가하는— 하이퍼 파라미터를 학습으로 최적화하는 것이다. 똑 같은 일을 진화로 이루어내는 것보다 학습으로 이루어내는 것이 압도적으로 빠름은 부정할 수 없다.

　학습능력이 보다 지배적이 되고 있다. 예를 들어 심층학습의 오차 역전파법을 인류전체에게 대규모로 행하게 한다. 그것도 기술의 진전으로 가능해 질 것이다.

　결국 인간이라는 하드웨어 자체에 매우 큰 제약이 있다. 특히 '정보의 저장'과 '통신'에서 큰 제약이 있다. 그런데 만약 뇌 기능을 확장해 데이터를 얼마든지 교환할 수 있게 되면, 모든 인간이 지식을 공유하여 전체로 학습하고 진화해가는 것도 가능해질 것이다.

여기서 커즈와일의 이야기로 돌아가 보자. 인간이 죽지 않게 된다. 개인의 뇌가 서로 접속된다. 그것은 결국 자기 보존확률이 극대화되는 것이다. 그것은 이미 생명이나 지능이라기보다는 '에너지와 정보 패턴'이라고 말해야 할 것이다. 그것이 우주 전체에 충만하는 것이 〈시기 6〉이다.

커즈와일이나 하라리의 주장은 인간의 지능, 진화, 사회, 역사 등 다양한 것들을 종합적으로 생각하면 대체로 맞다. 그리고 나도 거의 같은 결론에 도달했다.

그렇지만 오늘날 과학기술의 진전 속도를 보면 30년 후의 미래를 예측하기가 어렵다. 지금으로부터 30년 전에는 인터넷과 스마트 폰이 없었다. 그만큼 그 당시에는 우리가 살아가고 있는 현대 사회의 여러 모습을 정확하게 스케치하기가 매우 어려웠다.

그래서 "2045년에 기술적 특이점이 생길 것인가?"하고 물으면, "모르겠다."고 답하는 것이 과학자로서 성실한 답변이라고 할 수 있다. 그것이 몇십년 뒤에 생길지, 몇백년 뒤에 생길지 모른다.

그렇지만 심층학습 기술의 진보속도는 내가 생각하는 것보다 훨씬 빠르다. 이러한 이야기가 단지 꿈같은 이야기로 끝나지 않을 강력한 기반이 있는 것은 분명하다.

여기서 우리 인간은 인간 자신에 대해 더 잘 알아야만 한다고 것이 무엇보다 중요하다.

::

**역자해설**

# 인공지능과 인간:
## 딥 러닝의 역사와 주요개념, 그리고 쟁점

이 책은 松尾 豊, NHK "人間ではナンだ？超AI入門"製作班. 2019. 『超AI入門: ディープ・ラーニングはどこまで進化するのか』. 東京: NHK出版을 번역한 책이다. 원저서는 일본 AI학계를 이끌고 있는 도쿄대학 마쓰오 유타카 교수의 NHK 방송강의를 단행본으로 재구성한 것이다. 이 책은 2019년초에 출판된 만큼 AI의 최신 기술동향과 실용적 쓰임새에 대해 모두 여섯 개의 주제로 나누어 풍부한 설명을 제공해주고 있다. 무엇보다 이 책의 저자인 마쓰오 교수는 이 분야의 대표적 전문가답게 어려운 기술을 우리 일상의 사례와 연관하여 아주 쉽게 설명해주고 있다. 그런데 무엇보다도 이 책의 매력은 AI 기술이라는 프리즘을 통해 인간 지능을 심층적으로 이해하고, 더 나아가 AI의 발전을

통해 인간의 삶이 어떻게 변화할지 예측하려고 한다는 점이다. AI 혹은 초AI의 문제는 곧 인간의 문제이다. 이러한 점 때문에 이 번역서의 제목을 『인공지능과 인간: 딥 러닝은 어디까지 진화할 것인가?』로 정했다.

이 역자해설은 이 책을 통해 독자들이 현대 AI의 기본적인 흐름을 이해하고, 그 가능성과 문제점을 인식하는데 있어 참고자료로 기획되었다. 이 글은 인공신경망과 심층학습이 걸어온 역사적 흐름을 간략히 살펴볼 것이다. 그리고 본문에서도 몇 가지 핵심기술이 소개되고 있지만, 오늘날 AI 연구의 기반이 되는 주요기술적 개념들에 대해 소개할 것이다. 나아가 본격적으로 전개되고 있는 인지 로보틱스cognitive robotics 혹은 인지 컴퓨팅cognitive computing의 가능성에 대해 검토한다. 특히 인지 컴퓨팅과 관련해서 AI의 교육기술Edu-tech적 응용가능성이 대단히 중요한 화두가 되고 있는데 여기서 그 주요한 핵심쟁점을 지적할 것이다. 마지막으로 이 책의 내용을 간략히 요약, 소개하고 AI 시대를 준비하는 철학적 문제제기로 이 글을 마무리할 것이다.

## 인공신경망과 심층학습의 잉태기

제프리 힌튼과 얀느 르컹Yann LeCun은 지금은 세계의 유명인이 되어 있다. 두 사람은 세계적 기업인 Google과 페이스북의 멤버로서 전세계 AI 기술을 선도하고 있다. 그들이 이렇게 각광을 받고 있는 것은 오늘날 AI 붐의 핵심 기술인 인공신경망과 심층학습에서 중추적인 역할을 해왔기 때문이다. 그러나 2020년대로 접어드는 오늘날에 이 기술이 중심적 흐름으로 자리잡기까지 길게는 약 70년, 짧게는 약 40년이라는 고난의 잉태기가 있었다. 그 이유는 1990년대까지 AI 연구의 지배적 흐름이 논리와 추론 등을 중심으로 하는 패러다임이었기 때문이다. 그리고 무엇보다도 인공신경망과 심층학습 연구를 본격적으로 뒷받침할 수 있는 기술적 조건—인터넷, 빅데이터, 향상된 컴퓨터 성능 등—이 아직 정비되지 못했기 때문이다.

힌튼, 르컹과 더불어 심층학습 혁명을 이끌어온 테렌스 세이노프스키Terrence J. Sejnowski는 이 '고난의 행군'동안 만들어진 기술들이 오늘날 AI 연구의 중요한 자양분이 되고 있음을 분명히 하고 있다. 이 시기에 인공신경망과 심층학습의 연구가 어떻게 진행되었는지 Terrence J. Sejnowski. 2018. *The Deep Learning Revolution*. The MIT Press의 내용을 중심으로 개략적으로 살펴보겠다.

### 전사: 추론과 모색, 전문가시스템의 한계

1956년 미국의 계산기 과학자들이 다트머스대학에서 개최한 최초의 회의이래 AI 붐을 주도한 것은 '논리', '추론', '모색'의 방법론이었다. 직관적인 '암묵지'가 아니라 '추론'과 '모색'을 통한 '형식지'의 추구가 중심이었던 셈이다. 한편 이러한 흐름을 이어받아 1980년대에는 '지식표현'이 중심이 되었는데, 인간이 갖고 있는 지식을 표현하여 자동적으로 '추론'을 진행하겠다는 문제의식이었다. 이 결과 당시 인기를 모았던 것이 '전문가시스템Expert System'이었다. 이는 의료진단 등 전문적인 문제를 일관된 규칙을 이용하여 해결하려는 것으로서, 초기에 마이신MYCIN과 같은 프로그램이 여기에 해당한다. 그러나 MYCIN은 전문의의 식견과 규칙을 모으는 것뿐만 아니라, 환자의 증상과 과거병력을 모아 시스템 컴퓨터에 입력하는 것이 대단히 어려웠다. 결국 MYCIN은 의료현장에서 사용되지도 못하고 퇴장했다.

이러한 형식논리적 접근, 즉 규칙과 추론, 모색에 입각한 AI 개발 시도는 유해배수관리, 자율주행차량의 경로계획, 음성인식 등에서 다시 시도되었으나 모두 실패하였다. 가장 큰 한계는 현실세계의 문제가 갖고 있는 복잡성을 과소평가했고 해결을 위한 작업량 또한 엄청나게 증가했기 때문이다. 무엇보다 규칙수는 폭발적으로 증가했지만 수작업 입력으로는 여기에 대응할 수 없었다. 나아가 당시 AI 연구가 난관에 봉착한 또 다른 이유는 디지털컴퓨터가 아직 초기단계였고, 메모리가 지금은 상상하기 어려울 정도로 고가였기 때문이다.

## 퍼셉트론

한편 이러한 척박한 환경에서 인공신경망에 대한 문제의식이 1950년대~60년대에 걸쳐 노버트 위너Norbert Wiener의 '사이버네틱스Cybernetics', 올리버 셀브리지O. G. Selfridge의 '악마의 소굴Pandemonium'과 같은 형태로 표출되기도 했다. 한편 뇌 기능에 대한 충분한 해명이 이루어지지 않는 상황에서도 인공신경망에 대한 대단히 선구적인 연구자가 있었는데, 코넬대학의 프랭크 로젠블랫Frank Rosenblatt이다. 그는 1957년에 단순화된 뉴런을 상호 연결하여 자동 패턴인식을 위해서 인간의 시각구조를 모델화했다. 그는 그것을 '퍼셉트론Perceptron'이라 불렀다.

1957년 로젠블랫이 증명한 「퍼셉트론의 수렴정리」는 당시에는 획기적인 것으로 많은 사람을 놀라게 만들었다. 그는 나중에 미국 해군으로부터 지원을 받아 특별 주문한 대규모 아날로그 컴퓨터를 만들기도 했다. 그러나 퍼셉트론은 명백한 한계가 있었다. 그것은 퍼셉트론이 무언가 학습한 것처럼 보이지만 꼭 정해진 학습을 한 것이 아닐 수도 있었기 때문이다.

이 퍼셉트론에 결정적인 일격을 가한 사건이 발생했다.

1969년 마빈 민스키Marvin L. Minsky와 세이모어 파퍼트 Seymour A. Papert가 수학적 해석을 집대성해서『퍼셉트론』이라는 책을 출판한 것이었다. 그들은 한층의 퍼셉트론을 일반화하여, 어떤 층에서 다른 층으로 정보를 주는 강력한 다층 퍼셉트론을 만들기 어렵다고 강한 의문을 제기했다. 그 결과 많은 이들이 이를 퍼셉트론의 무용판결로 받아들였고 이에 대한 관심도 약화되었다. 특히 1960년대에는 단층의 피드포워드 네트워크로는 입력단위와 출력단위 사이에 여러 개의 조합이 이루어지는 중간층을 형성하는 것이 중요했지만, 입력층과 출력층 사이에 '숨은층'이 하나였고 이를 훈련하는 방법도 몰랐다. 설상가상으로 1971년에 로젠블랫이 43세의 나이로 비운의 삶을 마감하게 됨에 따라, 퍼셉트론 또한 사람들의 뇌리에서 떠나갔다.

## 신경정보처리NIPS 그룹: 인공신경망 연구

앞에서 살핀 바와 마찬가지로 1980년대 AI 분야의 지배적 패러다임은 지능활동을 체계화하기 위해 기호와 논리, 규칙을 사용하여 프로그램을 만드는 것이었다. 인지심리학 자들은 인간의 인지기능 중 언어를 이해하기 위해, 기호와 추론, 모색의 방법에 의존하고 있었다. 이러한 상황에서 지금 세계적 AI 연구를 이끌고 있는 이들의 연구가 시작되었다. 이들의 접근은 당시의 지배적 패러다임을 거스르는 것으로 뇌의 기능을 해명하고, 모방하는 것이었다. 1970년대 후반부터 이러한 흐름의 가운데 있었던 이들이 제프리 힌튼과 테렌스 세이노프스키 등이다. 그들은 당시에 인공신경망이 모델화될 수 있다는 신념 하에서 새로운 유형의 인공신경망인 '볼츠만머신Boltzman Machine'을 만들기도 했는데, 이것은 1세대의 다층 네트워크 모델에 해당한다. 긴 시간이 걸렸지만, 다층 인공신경망을 통해 심층학습이 가능해지게 되었다. 특히 힌튼은 일찍이 '병렬분산처리parallel distributed processing(PDP)'에 천착하였는데, 병렬로 기능하고 사례로 학습하는 단순한 처리단위로 구성되는 네트워크의 가능성에 주목하였다.

1980년대에 인공신경망을 통한 심층학습을 진전시켰던 연구자들이 몇 명 존재한다. 크리스토프 폰 데어 말스부르크Christoph von der Malsburg의 발화스파이크와 인공뉴런 연구, 일본의 후쿠시마 구니히코福島邦彦의 '네오코그니트론Neocognitron', 테호보 코호넨T. Kohonen의 자기조직화 네트워크, 주디어 펄Judea Pearl의 확률론에 기초한 '신념네트워크' 등이 대표적 연구들이다. 나아가 데이비드 마David Marr는 MIT AI 연구소를 대표하는 인물로서 소뇌를 모델로 한 인공신경망 및 시각 재현을 위한 재귀형 인공신경망을 성공적으로 구축하였다. 그러나 이러한 연구는 주요한 AI 연구기관들로부터 외면받았고, 기호와 논리해석에 예산을 집중해버려서 현실적으로 유효한 결실을 맺지는 못하였다. 그런데 인간 커넥톰연구 등과 함께, 뇌의 신경망에 대한 과학적 이해가 획기적으로 진전됨으로써 1980년대 이후 인공신경망에 의한 심층학습의 길이 본격적으로 열리게 되었다. 요컨대 대뇌피질 속의 시각연구 등을 통해 1980년대 후반과 1990년대에 인지신경과학이 탄생하였다.

1980년대를 대표한 두 개의 인공신경망으로는 홉필드네트워크Hopfield Network와 볼츠만머신을 들 수 있다. 홉필드네트워크는 1982년에 캘리포니아 공과대학의 물리학자인 존 홉필드John J. Hopfield가 「새로운 집합적 컴퓨터 계산능력을 갖는 인공신경망과 물리시스템Neural Networks and Physical Systems with Emergent Collective Computational Abilities」이라는 논문에서 상호결합형 신경망모델로 제안하였다.

1980년대 인공신경망의 또 다른 가능성을 보여준 연구는 힌튼과 세이노프스키가 추진한 볼츠만머신이었다. 이 두사람은 1985년에 확률적으로 순환하는 신경망네트워크를 만들었는데, 이는 내부구조에 의한 학습을 통해 조합된 문제들을 묘사하고 해결할 수 있었다. 이 볼츠만머신은 헤브적Hebbian 학습알고리듬, 병렬처리 등의 특징을 갖고 있고 간단한 물리적 동작과정을 수행하며, 나중에 '심층신념

네트워크Deep Belief Network'의 구성요소로 발전하였다.

## 인공신경망과 심층학습의 개화, 그 주요개념

한편 1980년대 뇌 과학의 발전과 이를 벤치마킹한 인공신경망의 기술진보, 나아가 인터넷을 통한 대량의 데이터축적Big data, 그리고 컴퓨터 능력의 획기적 진보와 저렴화에 따라, 2010년대 이후 인공신경망과 심층학습에 혁명적 발전이 이루어진다. 물론 세이노프스키의 말처럼 앞선 고난의 시기동안의 기술축적이 '심층학습혁명Deep Learning Revolution'의 자양분이 되었음은 분명하다. 인공신경망과 심층학습이 혁명적인 기술로 관심을 끈 것은 2012년에 개최된 'ILSVRC(ImageNet Large Scale Visual Recognition Challenge)'라는 화상인식대회였다. 여기에서 캐나다 토론토대학의 힌튼 팀이 오류율 15%로 우승하였다. 다른 팀들의 오류율 25%에 비하면 실로 대단한 것이었다. 이것은 자동으로 특징을 학습하는 화상인식 컴퓨터가 이미 인간의 정밀도를 뛰어 넘었음을 보여준 것이었다.

 이 사건은 인공신경망이 심층학습을 통해 '눈'을 갖게 된 것으로 평가받기도 한다. 이 장에서는 본문에서 논의되는 AI 기술들의 객관적 위치를 이해하기 위해, 최근 AI 세

계를 뒷받침하는 기술적 개념 체계를 간략히 소개하고자 한다.[*]

## 인공신경망

'인공신경망'이란 인간의 뇌를 참고하여, 다층의 뉴런 구조를 컴퓨터에 프로그래밍하고 신경세포간 전달의 용이성을 조정함으로써 학습을 진행하는 방법이다. 인공신경망은 다층의 신경망으로 구성되는데, 다수의 입력층과 숨은층, 그리고 하나의 출력층으로 구성된다. 입력층과 숨은층, 그리고 출력층 사이에는 '무게'의 계수, 즉 '연계'의 계수가 주어진다. 학습이 반복되면서 입력에 대해 원하는 출력을 하기 위해 무게의 계수를 조정한다.[**]

---

[*] 이 소개는 Terrence J. Sejnowski. 2018. *The Deep Learning Revolution*. The MIT Press, 그리고 特立行政法人情報処理推進機構 · AI白書編集委員会編. 2018. 『AI白書 Artificial Intelligence White Paper 2019: 企業をかえるAI 世界と日本の選択』. 東京: 特立行政法人情報処理推進機構, 그리고 이노우에 도모히로 저. 송주명 역. 2019. 『초인공지능: 기계와 인간 사이에 있는 것』. 과천: 진인진(근간) 등에 근거하고 있다.

[**] 이를 통해 예컨대 "손글씨 그림을 입력하여, 쓰인 숫자를 판정하고 출력하라."는 기능을 학습할 수 있게 된다.

## 기계학습과 심층학습

'기계학습'이란 컴퓨터가 수많은 데이터에서 규칙성을 찾아 정확한 지적활동을 할 수 있도록 하는 기술이다. 이때 지적활동이란 인식, 의사결정, 그리고 패턴인식 등이다. 기계학습에는 '교사 있는 학습', '교사 없는 학습', '강화학습' 등이 포함된다. 먼저 '교사 있는 학습'은 기계학습을 할 때 주어지는 교사데이터—교사가 되는 정답데이터—를 훈련(학습)데이터와 시험(테스트)데이터로 나누며, 훈련데이터로 학습하여 시험데이터로 평가한다. 그런데 이 방법은 훈련데이터에 대해서는 정확한 판단을 하지만, 시험데이터에 대해서는 정확한 판단을 하지 못하는 '과잉학습 overfitting'의 위험성이 발생할 수 있다. 때문에 새로운 데이터에 대해 정답률을 높이고 과잉학습을 피하기 위해 '일반화성능generalization performance'을 향상하고, '규칙화 regularization'를 진행할 필요가 있다.

'교사 없는 학습'은 정답데이터를 이용하지 않고, 데이터의 배경에 있는 구조를 발견하는 학습법이다. 대표적인 방법으로 데이터의 유사성으로 그룹을 나누는 유형화clustering를 들 수 있다. 그리고 차원삭감, 특징학습, 밀도추정 등도 여기에 포함된다. 입력을 재구성함으로써 입력 그대로를 출력하도록 만든 인공신경망의 일종인 오토인코더 Auto-encoder가 이 학습방법을 따른다.

‘강화학습’은 환경과 상호작용하는 행위자가 어떤 ‘상태’에서 ‘행동’을 선택하면 다른 ‘상태’로 옮겨지는데, 그때 결과에 따라 ‘보상’을 얻게 된다. 이와 함께 보상을 최대화하려는 행동의 지침인 ‘방책’을 발견한다. 강화학습은 여러 행동을 한 후에 주어지는 보상을 기초로 어떠한 행동을 취할지 방책을 스스로 학습하는 것이다.

한편 이 글의 주제이기도 한 심층학습도 이 기계학습의 하나의 사례지만, 기계학습과 심층학습 사이에는 중요한 차이가 존재한다. 즉 심층학습은 일반적인 기계학습과 달리 ‘심층함수’를 사용한다. 지금까지 다양한 기계학습 방법들은 기본적으로는 ‘얕은함수’로서 그래피컬graphical 모델 등 몇 가지 변수간의 의존관계를 상정한 것이었다. 따라서 기계학습의 얼개는 보통의 기계학습과 심층학습으로 나뉜다. 기계학습 계열의 프로젝트에는 대상분야의 지식을 활용하는 것이 대단히 중요한데, 가장 간단한 선형모델(중회귀)로부터 로지스틱회귀, 서포터벡터회귀, 그리고 여러 앙상블학습방법 등이 여기에 포함된다.

한편 심층학습 계열의 기계학습은 표현력이 좋은 ‘심층함수’를 사용하기 때문에 데이터와 계산량이 많으면 정밀도도 높아진다. 심층학습에 적합한 데이터는 한정적인데, 이미 데이터베이스로 만들어진 것보다 대량의 화상 및 음성 텍스트 등 미가공의 데이터를 취급하는데 장점이 있다. 따라서 심층학습에서는 어떻게 데이터를 모을 것인지, 그리고 그 데이터들에 어떻게 주석달기annotation—라벨과 메타데이터를 주어서 정답을 만드는 것—를 할지가 핵심적인 문제다. 대표적으로 '엔드투엔드end-to-end 학습법'이 있는데, 끝과 끝을 한번에 관통하여 학습한다는 의미다. 심층학습은 모두 인공신경망의 체계를 사용하는데, 입력된 화상을 판정한 그룹유형과 연계시킨다. 그리고 정답데이터와의 오차를 역산, 피드백하여 인공신경망의 변수를 학습시킨다. 이를 '오차 역전파'라고 한다. 그런 의미에서 종래 분야마다 정리되어온 지식체계에 크게 의존하지 않고 새로운 패러다임을 구축할 수 있다.

## 심층학습 인공신경망: CNN과 RNN

2012년 힌튼의 심층 인공신경망이 'ILSVRC'에서 종래 방법을 크게 앞지른 후, 심층학습이 본격적으로 화상인식 및 음성인식에 사용되고 있다. 여기에서는 화상인식을 위한 '합성곱 인공신경망Convolutional Neural Network(이하 CNN)'과 시계열데이터 처리를 위한 '재귀형 인공신경망Recurrent Neural Network(이하 RNN)'에 대해 그 내용을 간단히 살펴본다.

## CNN

2012년 힌튼과 그의 제자들이 획기적인 화상인식기술을 선보인 '알렉스넷AlexNet'은 바로 이 CNN 기술을 응용한 것이다. 이 기술의 원제안자는 얀느 르컹이었다. 그가 2003년 뉴욕대학에서 시각피질을 모방해 개발한 '콘넷ConNet'이 CNN의 원형이었는데, 이후 '풀링층'의 도입, 게인의 정규화, 함수의 변화—시그모이드함수에서 정류선형함수로—등 지속적 개량이 이루어졌다. 화상과 같은 '공간적 데이터'는 공간의 인접성을 이용하는데, 공간은 가까울수록 영향이 크고 가까운 화소끼리 서로 영향을 줄 가능성이 크다. 이 성질을 이용해 주변 화소간의 관계를 찾으면 되기 때문에 파라미터의 수를 줄일 수 있다. 이것이 바로 CNN이다. CNN은 입력에 가까운 순으로 간단한 특징량이 학습되고 그것들이 조합되어 보다 복잡한 특징량을 학습한다.

CNN에 특징적인 처리는 '합성곱convolution'과 '풀링pooling'이 있다. 합성곱이란 화상의 작은 패치patch—컴퓨터에서 프로그램의 일부를 갱신해 버그의 수정과 기능갱신을 하기 위한 데이터로 여기에서는 화소를 의미한다—에 특정한 함수를 중첩시켜 특징 지도를 생성하는 작업이다. 풀링이란 특징 지도의 국소적인 패치에 대해, 그 패치에 포함된 특징의 풀(집합)을 만들어 그 중에서 가장 큰 값만을 추출하는 작업이다. CNN은 합성곱층과 풀링층이라는 두 종류의 층을 서로 반복하여 구성한다. 비선형요소를 포함하기 때문에 합성곱 뒤에 활성화함수가 삽입되는데, CNN의 정확성 향상에 기여한 것은 'ReLU(Rectified Linear Unit)'라 불리우는 활성화함수였다. CNN은 화상인식을 통해 유형화, 물체검출, 물체분할, 화상캡션생성 등을 할 수 있다. 나아가 응용작업으로 얼굴인식, 행동인식, 인간의 자세분류 등을 할 수 있다.

## RNN

RNN은 종래 피드포워드feedforward 방식의 네트워크에 '작업기억working memory'—이는 1990년대 패트리셔 골드먼-라킥P. A. Goldman-Rakic의 원숭이 연구를 활용한—을 재귀적으로 결합시켜 학습효과를 높이기 위해서 만들어졌다. 이를 통해 음성데이터나 문장데이터와 같은 '시계열데이터'의 시간적인 인접성을 이용할 수 있다. 즉 시계열데이터에서는 일정한 시간적 근접요소 간에 영향을 주고받을 가능성이 큰데, 이 성질을 이용하면 파라미터의 수를 줄이고 학습효과를 높일 수 있다. RNN은 자연언어처리 및 번역에 활용되고, 나아가 화상인식과 결합함으로써 언어의 의미이해에 도전할 수 있다. RNN은 입력층, 재귀층, 출력층으로 구성되는데, 재귀층은 한 시점 앞의 시간적 상태 또한 입력으로 이용한다. 문맥을 인공신경망의 숨은층이라고 생각하면, 출력은 숨은층의 정보에서 정해진다. 그리고 숨은층의 값은 한 시점 앞의 숨은층 값과 현재의 입력을 통해 갱신된다. 즉 과거의 문맥과 새로운 입력으로 새로운 문맥이 구성된다.

RNN에서는 문장의 길이를 학습하는 단위, 문장의 종류와 화제전개 계층의 깊이를 학습하는 단위 등 문장의 '특징'에 대응하는 단위들을 확인할 수 있다. 이 '특징'은 인간이 일부러 설정하지 않아도 자동적으로 학습할 수 있다. 그러나 RNN은 장기와 단기를 구별하지 못하는 한계가 있다. 특히 장기기억을 상실하는 경향이 있다. 이를 보완하기 위해 1997년 세프 호흐라이터S. Hochreiter와 위르겐 슈미트후버J. Schmidhuber가 개발한 '장단기기억Long Short Term Memory(LSTM)' 기술이 활용된다. 이것은 시간적인 장기의존성을 모델화한 인공신경망이었다. 숨은층 단위를 대신해서, 자기자신의 상태를 보존하는 '메모리셀'을 도입한다. 불필요한 기억을 삭제할 수 있는 '망각게이트'가 존재하는데, 이것이 온ON일 때 상태가 이어지지 않고 그렇지 않을 때 상태가 이어진다. 그에 따라 장기의존관계도 잘 학습할 수 있고 화제가 변할 때는 직전의 상태를 잊게 된다.

나아가 RNN을 활용한 'AI기계번역(NMT)' 또한 진보를 거듭하고 있다. 시계열데이터를 입력, 처리하여 다시 시계열데이터를 출력하는 모델을 '시퀀스투시퀀스seq2seq'

라고 한다. 이 대표적인 사례는 입력과 출력을 다른 언어열로 하는 번역이다. 이것은 종래 통계적 기계번역SMT보다도 성능이 대폭 개선된 것이다. seq2seq는 언어와 화상을 특징량으로 변환한encode 후, 다시 화상과 언어로 되돌리는decode 과정을 거친다. 입력과 출력에 다른 조합을 할 수 있다. 예를 들어 화상을 CNN으로 특징량 검출해 이를 다시 RNN으로 문자출력하면 화상에 대한 설명인 캡션을 생성하는 작업이 된다. 나아가 문장으로 화상을 생성하고 화상으로 다시 문장을 생성할 수 있다면, 이것은 언어의 의미이해로 나아갈 수도 있다. 여기서 '화상'이란 시각적 정보를 의미하는데, 이는 실제로 감각기관과 행동기관의 시계열정보인 '체험'과 동일한 역할을 한다. 의미를 이해한다는 것은 '문장'으로 '체험'을 생성하고 '체험'으로 '문장'을 생성할 수 있는 상호변환능력이다. 따라서 RNN과 CNN을 통한 시계열데이터의 상호변환과정을 낮은 수준의 '의미이해', 혹은 원시적인 수준의 '기호접지symbol-grounding'라고 보기도 한다.

## 심층강화학습

한편 CNN 등으로 인한 '눈의 탄생', 즉 화상인식 이후에 가장 크게 주목을 끄는 기술이 '심층강화학습'이다. 이는 운동의 훈련, 특히 기계와 로봇이 연습하여 운동을 숙달하도록 한다. 종래 강화학습은 근사함수라는 방법이 있었지만 심층함수를 학습시킬 수 없었다. 때문에 단순한 방법만을 취할 수밖에 없었고 상태의 수가 대단히 많아지면 대응할 수 없었다. 나아가 인간이 정의한 '특징량'을 사용할 수밖에 없었고 미리 상정한 범위 안에서만 '상태'를 정의할 수 있었다.

그런데 심층학습과 강화학습을 조합한 심층강화학습은 심층학습으로 얻어진 특징량을 이용해 상태를 자동으로 정의한다. 이를 통해 기계와 로봇이 능숙하게 환경에 대응할 수 있게 되었다. 여러 차례 시행착오를 거듭하면서 스스로 게임의 공략법을 발견해갈 수 있게 된다. 이것이 가능해진 것은 상태를 인식하게 해주는 화상인식의 정밀도가 심층학습을 통해 극적으로 향상되었기 때문이다. 나아가 모색을 통한 예측이 결합할 수 있게 됨에 따라 '게임의 승리'를 '보상'으로 한 '방책'을 학습할 수 있게 되었다. 이를 통해 인간의 능력을 넘어서는 다양한 게임—알파고, 체스게임 등과 같은—이 등장하였고, 로봇의 동작 또한 더욱 자연스러워지고 있다.

이 심층강화학습의 대표적인 사례가 'DQN(Deep Q-Network)'이다. AI가 기호와 이미지(그리고 의미)를 결합시키고 기호접지문제를 해결하는 것은 오늘날 AI 연구의 커다란 주제다. 그에 더해 이미지를 사용한 직관적 사고를 할 수 있는 것도 중요하다. Google의 딥마인드Deep Mind 가 개발한 DQN 프로그램은 인공신경망과 강화학습(Q학 습)에 기반해, 블록부수기, 핀볼, 인베이더게임 등 49개의 게임들을 수행한다. DQN은 게임하는 '화면'이 입력으로 주어지고, '점수'가 강화학습의 보상으로 설정되어 있을 뿐이다. 인간에게 각각의 게임규칙을 전혀 배우지도 않고 게임마다 특별한 설정도 하지 않는다. 그럼에도 DQN은 모든 게임의 방법을 습득해 49개중 29게임에서 인간이상 의 점수를 기록했다.

## 심층생성모델과 적대적 생성 네트워크

심층학습의 발전과정에서 또 다른 주목을 받고 있는 새로 운 기술이 '심층생성모델'이다. 심층생성모델은 '생성모 델'을 심층화한 것이다. 기계학습의 종류로 '식별모델'과 '생성모델'을 나눈다. 식별모델은 예컨대 코끼리 화상이 주어질 때 그것을 '코끼리'라고 식별하는 모델이다. 앞서 살펴본 CNN은 식별모델이며, 로지스틱스회귀나 서포트 벡터머신SVM 등도 식별모델이다. 그런데 생성모델은 "어 디에 코끼리가 있었다. 그 코끼리가 화상으로 찍혀서 결과 적으로 코끼리 그림이 되었다."와 같이 데이터의 생성과 정을 모델화한다. 생성모델은 테이터의 생성과정을 모델 화하기 때문에 진짜에 가까운 데이터를 만들어낼 수 있다.

생성모델은 종래 그래피컬모델이라는 확률변수간의 의존 관계를 보여주는 모델을 통해 실현되는 경우가 많았다. 이를 심층 인공지능으로 재구성한 것이 심층생성모델이다.

심층생성모델은 창조적인 데이터를 생성할 수 있고, 다수 유형들을 합성한 데이터를 생성할 수도 있다. 그리고 보통은 감지할 수 없는 이상한 데이터를 감지할 수도 있으며, 결손값을 보충할 수도 있다. 마쓰오 교수가 본문에서 소개하고 있지만, 흑백사진에 색을 입힌다든지, Google의 '오토드로우AutoDraw'처럼 간단한 스케치를 입력하면 그림을 그럴싸하게 완성해주기도 한다. 이 기술은 사람들에게 대단히 충격적이었는데, 정보량을 줄이는 것이 아니라 반대로 늘리는 것이기 때문이다. 심층생성모델은 인간만의 독점물로 여겨지던 '창조성creativity'이 AI로도 발휘될 수 있는 것이 아닌가 하는 문제를 제기한다.

심층생성모델의 대표적인 방법에는 '변분오토인코더 Variational Auto-encoder(VAE)'와 '적대적 생성네트워크Generative Adversarial Network(GAN)'가 있다. 원래 오토인코더는 숨은층을 지닌 인공신경망으로 입력을 재구성하여 입력 그 자체를 출력하도록 하는 것이다. 그런데 VAE는 숨은층에 있는 잠재변수의 확률적 관계를 확실히 하고, 잠재변수를 조작함으로써 학습한 데이터와 비슷한 다른 데이터를 생성할 수 있다. 가령 Frey Face 데이터세트로 학습한 얼굴에 대해 잠재변수를 억제함으로써 화난 얼굴에서 웃는 얼굴로 서서히 변화하는 데이터를 만들 수 있다. 한 편 적대적 생성네트워크는 내부에 2개의 경쟁적인 네트워크를 갖고 있다. 첫째 네트워크는 진품과 똑같은 모조품을 만들어 내려는 '생성네트워크generator'며, 둘째 네트워크는 만들어진 모조품이 진품인지를 식별하는 '식별네트워크discriminator'다. 이 두 개의 상호 적대적인 네트워크가 경쟁함으로써 최종적으로 진품과 거의 구별할 수 없을 정도의 모조품을 만들어내도록 학습시킨다. 이를 통해 대단히 정밀도가 높은 화상을 생성할 수 있다.

## 심층학습의 의미 이해와 '신체성' 문제

이 책의 첫 번째 강의에서도 확인되지만, AI 심층학습의 가장 중요한 과제는 표현학습을 통한 '의미이해'다. 의미를 이해하는 AI를 실현하는데, 물리적인 '신체성'이 필요한지는 중요한 논쟁지점이다. 원래 인간과 생물에게 신체성이란 신체가 "행위자와 환경의 상호작용을 규정하고, 그 내용 및 환경과의 상호작용에 구조를 주며, 인지와 행동을 형성하는 기반이 되는 것"을 의미한다. 이런 의미에서 생물의 지능은 신체성과 뗄 수 없다. 그런데 심층학습의 세계에서는 앞에 살펴본 심층생성모델, 특히 '적대적 생성네트워크'를 통해 예측인식의 정확도를 획기적으로 향상시키고 있다. '시각적 상상visual imagination'은 실제로 행동하지 않더라도 미래 상황을 예측할 수 있도록 해준다. 예측이 가능하다면 미래에 대한 시뮬레이션, 즉 '상상'과 행동계획의 수립 또한 가능하다. 이 화상인식 및 시뮬레이션을 통한 간접경험이 신체성을 대신해준다는 견해가 강해지고 있다.

그러나 현상을 모델화한 시뮬레이션은 불가피하게 현실세계의 중요한 요소를 사상한다. 따라서 시뮬레이션상의 신체성은 대단히 '빈약'하며, 현실세계와 상호작용하는 물리적 신체가 반드시 필요하다는 주장 또한 강력하다. 이것이 로드니 브룩스Rodney Brooks와 롤프 페이퍼Rolf Pfeifer가 말한 '신체성 문제'다. 이 신체성 연구를 통해, 기호접지문제를 본격적으로 해결해 갈 수 있다. 현재 Google과 페이스북은 신체성이 없더라도 빅데이터에서 직접 개념을 획득하고 의미를 이해하는 연구를 하고 있다. Google의 자동번역은 화상인식이나 신체성을 통하지 않고도 정밀도를 대폭 향상시킬 수 있음을 보여주고 있는데, AI가 신체성 문제를 보다 완벽하게 해결하고 기호조작처리 능력마저 가질 수 있다면 참된 의미이해에 접근할 수 있을 것이라는 주장도 있다.

# 인지 컴퓨팅과 인지 로보틱스, 그리고 교육<sup>*</sup>

## 인지 컴퓨팅과 인지 로보틱스

이 책의 본문에서 상세히 소개되고 있지만, 심층학습혁명이 전개됨에 따라 '인지 컴퓨팅Cognitive Computing'의 시대가 열리고 있다. 자율주행차가 현실화되고, IoT와 AI가 결합하여 거주자를 세심하게 배려하는 주택이 만들어지고, 개별 맞춤형 의료진단 및 치료방법이 도입되어 의료 수준이 획기적으로 개선될 것이다. 이러한 인지 컴퓨팅은 AI가 인간의 삶을 획기적으로 보완해주는 여건을 만들어줄 것이다. 예를 들어 IBM은 전문지식에 대응할 수 있는 '왓슨 프로그램'에 집중적으로 투자하고 있다. 왓슨은 의료나 재무 서비스 등 전문분야에 이용될 수 있는 미가공 데이터들을 체계적으로 정리해, 대량의 데이터에 기반해 사용자의 질문에 답하거나 대안을 제안한다. 왓슨은 IoT와 연계해

---

<sup>*</sup> 이 장의 논의는 Terrence J. Sejnowski. 2018. *The Deep Learning Revolution*. The MIT Press, 그리고 特立行政法人情報処理推進機構 · AI白書編集委員会編. 2018. 『AI白書 Artificial Intelligence White Paper 2019: 企業をかえるAI 世界と日本の選択』. 東京: 特立行政法人情報処理推進機構 등에 소개되는 내용에 따른다.

전세계적 인지 컴퓨팅 플랫폼으로 나아가려고 하고 있다. 나아가 인지 컴퓨팅은 의료분야에서도 큰 성과를 낼 수 있는데, 희귀병의 경우 AI의 도움을 받아 효과적인 개별맞춤형 치료를 할 수 있게 해준다.

장래 AI의 진화와 관련하여 인지 로보틱스 또한 빠르게 발전하고 있다. 오늘날 AI는 지각과 인지면의 지능은 고도화되고 있지만, 운동과 동작에 관한 지능은 아직 낮은 수준이다. 인간에게 신체의 복잡성은 운동의 진화에서 이루어진 것이다. 뇌는 신체 모든 부분의 센서에서 입력을 받고 있다. 하여 로봇이 갖고 있는 신체성과 환경의 상호작용에 초점을 맞추어 AI 연구의 궁극적 목표인 의미이해를 실현하려는 노력이 진행되고 있다.

감각운동 루프에 따르는 학습은 환경 안에서 행동을 통해서 학습하고, 나아가 지식과 의도를 더함으로써 경험적 지능을 발전시킬 수 있다. 낭비적인 처리를 피하면서도, 신체가 환경에 노출되면서 사회적인 환경, 즉 타자와의 상호작용을 통해 다양한 지능이 발전할 수 있다. 이 과정에서 특히 중요한 것은 로봇이 '자기'라는 개념을 발전시키는 것이다. 이것은 AI가 '메타사고력'을 갖게 되는 주요한 경과지점이 될 수 있다.

이러한 문제의식에서 2000년대 중반부터 인지를 보다 깊게 배우기 위해 인간과 교류하는 로봇, 즉 '사회적 로

봇social robots'이 개발되고 있다. 캘리포니아대학 샌디에
고의 하비에르 모벨란Javier Movellan 교수는 2004년 사회
적 로봇 '루비RUBI'를 개발했다. 그것은 텔레토비 캐릭터
와 비슷한 모습이었는데, 눈썹을 움직이는 등 표정이 풍부
하고 카메라눈으로 여기저기를 볼 수 있으며 양손으로 물
건을 들 수도 있었다. 캘리포니아대학 샌디에고의 조기 유
아교육센터의 교실에 루비를 투입하여 만 한 살 반에서 두
살 사이의 유아들과 상호작용하도록 했다. 이 결과 아이들
은 루비를 지각력이 있는 존재로 인식했고, 루비는 교사들
의 조력자로서 일정한 역할을 하였다. 이후 '1,000개의 루
비 프로젝트'가 구상되었는데, 이것은 루비를 1,000여 학
교의 교실에 배치함으로써 대량의 실험데이터를 매일 인
터넷으로 수집하겠다는 것이었다. 이를 통해 교육현장을
개선하려는 정책아이디어를 검증하거나 학교별로 나타나
는 교육성과의 차이 등을 분석하려고 하였다. 그러나 자원
문제로 이 프로젝트는 실현되지 못했다. 그럼에도 불구하
고 루비는 2010년대 시리즈 5까지 진화하면서, 교육에 대
한 로봇의 기여뿐만 아니라 학생들과의 상호작용을 통해
서 사회적 로봇의 고차인지기능을 향상시킬 수 있었다.

## AI 기술의 발전과 교육기술

한편 AI의 발전과 더불어 교육에 대해서도 다양한 기술

적 접근이 이루어지고 있다. 2006년에 미국에서 교육관련 핵심적 제도로 창설된 'Temporal Dynamics of Learning Center(TDLC)'를 주목할 필요가 있다. TDLC는 '미국 국립 과학재단NSF 학습과학센터Science of Learning Centers'의 재정적 지원 아래서 현재까지 적극적으로 운영되고 있는데, 세계 18개 기관에서 100명이 넘는 AI 연구자, 뇌 과학자, 인지학자, 심리학자 등이 모여서 학제적인 연구를 하고 있다. 앞서 살펴본 루비 프로젝트, 컴퓨터의 표정 인식툴 CERT, 모바일 뇌파기록EEG 라보 등은 TDLC의 지원을 받은 연구성과였다. TDLC 연구진들이 진행해온 교육관련 주요 프로젝트들을 보면, AI와 교육이 어느 지점에서 접목될지 잘 이해할 수 있다. 그리고 AI 기술이 교육현장으로 들어갈 때 어떠한 점들을 예민하게 고려해야 할지 중요한 고민지점을 드러내준다.

**유아의 언어학습 장애개선을 위한 청각인지기술**

이는 유아가 언어학습 장애를 갖고 있을 때, 유아의 청각 인지 타이밍에 기초한 예측테스트를 통해 보상의 피드백 타이밍을 적절하게 조작해줌으로써 정상적인 청각, 발화, 학습능력이 발전하도록 하는 기술이다. 이 기술의 개발자들은 2006년에 'AAB리서치사AAB Research LLC'를 설립해 유아기의 학습능력을 향상시키는 고속청각처리기술RAPT

을 일반 가정에 보급하였다.

### 학생의 표정분석과 학습효과

이는 교실안 학생들의 표정을 자동으로 검출해 학생들의 수업에 대한 몰입도를 분석하고 그 결과를 교사에게 알려주는 프로그램이다. 특히 현재는 심층학습으로 교실안의 모든 학생들의 표정을 동시에, 그리고 정확하게 검출할 수 있게 되었다. 나아가 이 표정분석은 이 책 〈강의 3〉에서도 소개되고 있지만, 마케팅, 정신의학, 과학수사 등의 분야에서도 다양하게 활용될 수 있다.

### 장기적 학습기억 향상에 관한 조사

이는 개인에게 최적화되고 시간적 간격을 둔 복습 등 장기적인 학습과 단기간동안의 '몰아치기'학습을 비교할 때 어떤 방식이 보다 장기적 효과를 가지는지, 대학생과 K-12 학생들을 대상으로 수년간 조사한 것이었다. 그 결과는 시간적 여유를 갖는 최적 학습이 장기적 기억에 훨씬 효과적이라는 것이었다. 이 조사를 통해 최적화된 복습 스케줄이 어학에도 효과적임이 입증되었다.

### 글로벌학습 X-프라이즈

이 프로젝트는 교육에서 혁신을 장려하고 발전도상국 어

린이들이 기초적인 읽기와 셈하기를 18개월 안에 배울 수 있도록 개방적이고 확장성이 있는 소프트웨어 개발을 목표로 한다. 이 연구성과는 발전도상국 교육에 크게 기여할 것이다.

### 상호작용적 게임

기억과 주의력, 인지기능을 향상시키기 위해 다양한 온라인 게임 또한 강조된다. 이 게임들을 통해 시각과 멀티태스킹, 태스크 전환능력, 의사결정능력이 향상될 수 있다는 보고가 적지 않다. 가령 'Fast For Word'라는 게임은 청각능력, 언어능력, 독해력 등을 향상시키기 위한 것이며, 'Brain HQ'라는 게임은 고령자의 인지능력 쇠퇴를 경감하기 위한 것이다.

이러한 AI 교육기술은 더욱 빠른 속도로 개발될 것이며, 다양한 형태로 교육현장으로 들어올 것이다. 현재 교육현장은 노동력 육성에 초점이 맞추어진 학년설계와 일제수업 방식으로 이루어지고, 교사가 국가교육과정에 따라 동일한 지식을 전달하고 있다. 그 이외에도 교사가 다양한 행정업무에 역량이 분산됨으로써 학생의 교육에 집중할 수 없다. 이러한 상황에서 교사의 수업을 보조하고 소위 기초학력을 증진시키려는 목표하에서 AI 교육기술의 도입은 증가할 수밖에 없다. 그러나 AI 교육기술이 교육현장으로 도입될 때 보다 예민하게 고민되어야 하는 지점들이 있다.

첫째 교육현장에 학생들의 표정인식 프로그램 등과 같은 기술이 활용될 때 발생할 수 있는 '전체주의적' 교실문화의 문제이다. 교육이란 대단히 개별적인 과정이며 학생들 한명한명의 자발적 정서상태를 전제로 한 민주적인 주체화의 과정이다. 그런데 이 프로그램은 수업효과를 기능적으로 증진하는데 참고자료를 제공해줄지 모르지만, 아이들은 수업 중에 카메라에 의한 감시 혹은 통제 분위기에 위축될 수 밖에 없다. 따라서 이러한 기술은 익명성이 존재하는 마케팅이나 특정한 조건에서 이루어지는 과학수사 등에 효과를 발휘할지는 모르지만, 교육영역에서는 큰 효과가 발생하기 어려울 것으로 보인다. 그리고 교사의 특징에 따라서 기술도입의 효과가 대단히 비대칭적이고 불균등하게 나타날 수도 있다.

둘째 미래 AI 기술의 진보를 전망하건대, 앞으로도 상당 기간 동안 AI의 지능은 '기계학습'적이고 '논리적'일 것이다. 따라서 AI 교육기술은 읽기, 쓰기, 셈하기 등 소위 '기초학력'을 뒷받침하는 지능의 개선에는 상당한 도움을 줄 수도 있을 것이다. 특히 앞서 언급한 게임방식은 호기심과 흥미를 유발하는 것으로 학습효과를 증폭시킬 수 있다. 그러나 동시에 AI에 의해 제공되는 교육기술은 우리의 전체 교육목표에 비추어볼 때, 지극히 일부의 지능영역만을 보완해줄 수 있을 뿐이다. 나아가 교육 프로그램이 전제로 하는 프레임의 편견 문제, 나아가 게임이 가질 수 있는 중독효과의 문제 또한 충분히 고려해야만 한다.

셋째 가장 중요한 문제는 교육이 AI가 쉽게 실현할 수 없는 인간의 비판적 지성과 창조적 의식을 성장시키고 고차적인 인간다움을 증진할 수 있도록 시급히 재구성되어야 한다는 점이다. 그 위에서 AI 교육기술이 학생들이 보다 개방적으로 비판적, 창조적 사고력을 키우는데 도움이 되도록 개별 맞춤형 '학습 보조자' 역할을 하고, 더 나아가 철학, 인문학, 사회과학, 기초과학 등 비디지털형 '생각키우기' 교육과 정합적으로 결합될 수 있도록 설계되어야 한다.


## 초AI와 인간, 철학적 고민

독자들은 지금까지 이 책의 본문과 역자해설을 통해, '인공지능과 인간'이라는 주제에 대해 많은 생각을 하였을 것이다. 이 장에서는 이 책의 본문내용을 마지막으로 음미하고, 몇 가지 문제를 제기하면서 글을 매듭짓고자 한다.

## 강의의 요약

이 책의 본문 여섯 강의를 간단히 요약하면 다음과 같다.

첫 번째 강의의 주제는 'AI와 인간의 대화 가능성'이다. 먼저 AI가 대화를 실현하는 원리를 RNN과 LSTM, 그리고 seq2seq 등의 기술을 통해 설명하고 있다. 그리고 대화에 있어서 언어의 선택과 의미에 대해서 논하는데, 이른바 기호접지문제를 제기한다. 특히 튜링테스트와 중국어방이라는 사고실험을 통해 AI가 의미를 이해하는 것이 무엇을 뜻하는지, 그리고 현재 AI의 발전상황은 어떠한지 분석한다. 나아가 AI가 의미를 이해하기 위한 전제로서 소위 신체성의 문제를 제기한다. 개념의 의미를 이해하는데, 반드시 물리적 신체와 경험이 뒷받침되어야 하는지를 메리의 방 등의 유추를 통해 논한다. 여기서 마쓰오 교수는 최근 로봇연구의 성과들을 중요하게 바라보면서도, AI가 개념을 획득하고 의미를 이해하기 위해서 반드시 물리적 신체성이 뒷받침될 필요는 없다고 한다. 향후 기술이 발전함에 따라 AI와 의미를 이해하는 깊은 대화를 할 수 있다는 것이다.

두 번째 강의의 주제는 '뇌와 AI의 유사점 및 차이'다. 먼저 대뇌피질, 편도체, 소뇌, 해마 등 뇌의 주요부위의 기능에 대해 설명하면서, 이것이 AI의 주요기능들, 즉 심층학습, 강화학습, 교사 있는 학습, 단기기억 등과 어떻게 대응되는지를 설명한다. 그런데 기억이라는 점에서 인간이 단기기억과 장기기억 시스템을 갖지만, 컴퓨터는 전혀 다른 구조를 갖고 있다는 점을 강조한다. 이 강의에서는 AI 심층학습의 가장 중요한 기술인 오차 역전파법에 대해 자세히 설명하고 있다. 마지막으로 뇌와 AI가 어떻게 다른지를 '새와 비행기의 유추'를 통해 설명한다. 즉 비행기가 새의 비상飛翔을 모방한 얼개를 갖고 있지만 비행의 방법과 용도는 완전히 다르다. 이와 동일하게 AI가 뇌를 모방하지만 그 지능의 표현형식과 구조는 완전히 다르다는 것이다. 인간의 의식은 진화와 학습의 결과이고 그중에서 특히 '마음'과 '감정'은 진화과정에서 발생한 사회적인 것이다. 반면 AI는 학습에만 의존할 수밖에 없기에, 자기를 의식하고 개념을 획득할 수는 있지만 '마음'은 가질 수 없다.

세 번째 강의의 주제는 'AI와 창조성 문제'다. 여기서는 최근 AI가 만들어내는 예술작품들─영화, 회화, 만화, 음악 등─을 과연 창조적인 것으로 볼 수 있는지를 논한다. 여기서 논의되는 주요한 심층학습 기술은 심층생성모델이다. 심층학습을 통해 획득된 특징량과 정보에 기초해 새로운 작품을 생성해주는 기술이다. 이 심층생성모델의 사례로서 그림을 자동으로 완성해주는 Google의 '오토드로', 밑그림을 채색해주는 '페인트체이너', 그림 이미지들의 조합으로 꿈과 같은 새로운 추상적 이미지를 만드는 Google

의 '딥 드림', 렘브란트의 그림을 재구성하는 '넥스트 렘브란트 프로젝트' 등을 설명한다. 이 강의에서 마쓰오 교수는 AI가 이렇듯 모방능력을 갖게 된 것은 일종의 추상화능력을 갖게 되었음을 의미한다고 주장한다. 그러나 그는 AI의 예술작품의 '창작능력'이 결코 창조적인 것은 아니라고 단언한다. AI는 작품에 대한 상상이나 평가기준, 나아가 기획의도성 등에 기반한 창조성을 갖지 못한다. 창조성이란 인간의 진화의 결과 발전한 생사와 감정, 호오, 미추 등의 감정에 기초한 것으로, 생명, 즉 인간성을 구성하는 복잡한 목적함수가 있어야 한다.

네 번째 강의의 주제는 'AI의 신체성 문제와 지능'이다. 먼저 폭탄의 유추를 중심으로 AI의 프레임 문제를 제기한다. 이 문제는 신체성을 가지고 환경과 상호작용함으로써 세계를 학습하고 관계성을 인식하는 문제다. 이에 대해 중요한 기술로 심층강화학습이 소개된다. AI도 로봇이라는 물리적인 신체성뿐만 아니라, 화상 시뮬레이션, 클라우드 로보틱스 등을 통해 효과적인 심층강화학습을 진행하고 있다. 그러나 동시에 마쓰오 교수는 인간이 진화를 통해 발전시켜온 지능의 이층구조—신체성 시스템에 기초한 지각운동처리, 기호 시스템에 기초한 기호처리—, 그리고 자의식(자유의지), 사회적 동물로서의 감정과 본능 때문에, 여전히 인간과 AI의 지능에는 커다란 차이가 존재함을 강조한다.

다섯 번째 강의의 주제는 '심층학습과 인간 생활의 변화'다. 여기서는 특히 사물인터넷IoT과 AI의 심층학습이 결합됨으로써 야기될 생활의 변화, 그리고 산업상의 변화를 예측한다. 이를 뒷받침할 기술적 조건으로서 클라우드 컴퓨팅과 엣지 컴퓨팅을 들고, 화상인식 IoT의 센서와 클라우드의 데이터 축적, 그리고 이에 기초한 심층학습이 새로운 가능성을 열어줄 것이라고 한다. 이를 통해 다양한 삶의 영역에서 편리성이 향상되고, 산업에서도 아주 큰 변화가 야기될 것이다. 예컨대 지금까지 자동화가 불가능하다고 여겨지던 식품업계에서 '요리로봇'과 '레시피 개발'이 가능해질 것이다. 마쓰오 교수는 화상인식 이후의 AI의 핵심기술이 심층강화학습이라고 강조하면서, 이것이 보편화되면 음식업, 농업, 건설업까지 AI가 인간을 대체할 수 있을 것이라 주장한다.

여섯 번째 강의의 주제는 'AI와 인간의 미래'다. AI가 여러 분야에서 인간을 넘어선 성과를 보여주고 있지만, 아직 인간과 격차가 크거나 인간만의 고유한 분야들이 있다. AI 기술이 인간의 미래를 어떻게 변화시킬지는 보완관계다. 예컨대 새와 비행기가 다르듯이, AI가 신체성 및 기호 조작 문제까지 해결하더라도 인간다움의 영역은 남아 있다. 미래 인간은 생산으로부터 해방되어, 감정, 본능, 연민 등 인간다움의 공동체를 유지할 것이다. 마쓰오 교수는 현재 심층학습의 속도가 대단히 빨라서 중장기적으로 기술적 특이점Singularity이 올 것으로 확신하고, AI는 스스로의 하이퍼–파라미터마저도 학습해 자율성을 가질 것으로 본다. 최종적으로는 인류전체와 AI가 융합하여 '불사'의 단계에 이를 것이라고 주장한다. 이 단계에는 이미 인간의 존재형태도 대단히 변화할 것으로 보이는데, AI와 융합하여 뇌기능이 확대되고 전체지식이 공유되며 학습 또한 전체적으로 전개될 것이라고 한다. 이 단계에 이르러서는 개인의 뇌도 서로 접속한다.

## AI 시대의 철학적 고민

마쓰오 교수는 별로 길지 않은 이 책을 통해 기술공학자로서 AI와 인간의 미래에 대해 대단히 대담하고도 낙관적인 전망을 보여주고 있다. 역시 엔지니어로서 현재의 기술적 수준을 지나친 과장 없이 담담하게 말해준다는 점은 좋은 미덕이라고 느껴진다. 현단계 기술적 조건상의 제약으로 인간이 가지고 있는 지성, 지능 및 의식과 AI의 그것은 아직 격차가 크다. 그러나 정확히 보아야 할 부분은 마쓰오 교수는 시간의 문제가 있지만 AI는 인간이 구축한 지성을 실현할 수 있다는 입장이다. 그리고 그 결과 도래할 AI와 인간의 관계도 상호보완적이고 낙관적이라는 것이다.

그런데 마쓰오 교수가 이 책 본문에서 전개한 논지는

인문사회과학의 입장에서 꽤 깊은 철학적 고민을 요하는 커다란 두 가지 쟁점을 내포하고 있다. 향후 AI에 대한 심도 깊은 논의전개를 위해 이 해설에서는 문제제기만을 간단히 해두겠다.

첫째 AI로 인해 노동으로부터 '해방'된 대다수 인간들의 '인간다움'의 영역은 무엇일까 하는 점이다. 마쓰오 교수는 AI에 의한 노동의 대체가 인간의 삶을 보다 윤택하게 하고 인간다움을 발전시키도록 보완효과를 가질 것이라 보고 있다. 그러나 현재의 생산관계상 그것이 가능할 것인지는 심각히 고민해볼 일이다. 특히 AI가 미국의 후원을 받는 GAFA와 같은 독점적 다국적기업에 의해 주도된다는 점을 고려하면, AI에 의한 노동의 '해방'은 실제로는 자본에 의한 대다수 인간의 일할 기회로부터의 '배제'가 아닐까? 일할 권리, 혹은 종래 인간의 본질로 여겨지던 노동에서 배제된 대다수의 인간들이 지키고 발전시켜야 할 '인간다움'이란 무엇일까? 이것이 AI 시대를 내다보는 주요한 철학적 고민의 하나다.

둘째 IoT와 연결된 AI의 발전은 광범위한 데이터의 수집, 그리고 일상적 삶에 대한 AI의 개입 등으로 프라이버시 문제를 야기할 수 있다. 그런데 문제는 거기에 그치지 않는다. 현재 AI 전문가들의 사고를 조금 깊게 관찰해보면, 지성, 학습, 지능, 지식 등의 문제에 대해 거의 당연하

듯 개인성보다는 전체성을 강조하는 경향을 보여준다. 빅데이터 형성에 참여하고, AI가 만들어내는 지능과 지성에 인간이 통합되는 것이 AI 전문가들에게는 꼭 필요한 일일지도 모른다. 이 책의 마지막 강의에서 말하는 소위 '불사'의 단계에 이르게 되면, 인간은 전체로 학습하고 전체로서 지식을 공유하며, 궁극적으로 뇌 마저도 상호연결되는 지능통합체에 이르게 된다. 만약 이러한 방향으로 AI가 발전해 간다면, 그간 개인성과 사회성의 변증법적 통합으로 이해되던 인간의 개념은 어떻게 변해야 하는가? 개인성은 없고 사회적 전체성에 의해서만 규정되는 인간의 모습이란 무엇일까? 나아가 개인적 존재로서 인간들이 공동체를 유지하고자 역사적으로 발전시켜온 민주주의라는 개념은 어떻게 될 것인가? AI가 만들어내는 새로운 인간의 조건은 민주주의보다는 플라톤적인 철인통치의 길을 열 것인가?

아무튼 이 책이 원저자의 생각이나 의도와 달리 쉽게 답하기 어려운 AI 시대에 대한 철학적 고민을 담고 있는 것은 분명하다. 이 책이 AI 시대를 준비하면서 인간적이고 철학적인 고민을 시작하는 좋은 읽을거리, 유익한 생각거리가 되기를 바란다.

이 책은 2019년 3월 23일 '시민이 직접 참여해 만드는 공평한 교육'을 지향하여 본격적인 활동을 개시한 민주주주의학교 준비위원회 교육연구 시리즈의 첫 번째 성과물이다. 이 번역이 완료되기까지 수고해주신 분들이 몇분 있다. 우선 이 분야의 전문가로서 전반적인 용어법은 물론 문장의 교열에 이르기까지 중요한 자문을 해준 나의 아내 김유향 박사에게 고마움을 전한다. 잘못된 부분은 자문을 올바로 반영하지 못한 역자의 잘못임을 밝힌다. 아울러 여러 우여곡절 속에서도 이 책의 출판을 진행해준 진인진출판사의 김태진 대표와 책의 편집을 맡아 수고해준 편집부의 배원일 선생에게도 고마움을 전한다.

이 역서는 2017년 대한민국 교육부와 한국연구재단의 지원을 받아 수행된 연구(NRF-2017S1A3A2066659)의 결과임을 밝힌다.

# 인공지능과 인간 - 딥 러닝은 어디까지 진화할 것인가?

초판 1쇄 발행 | 2019년 6월 27일
초판 2쇄 발행 | 2022년 3월 31일


지은이 | 마쓰오 유타카(松尾 豊), NHK
옮긴이 | 송주명
편    집 | 배원일
발행인 | 김태진
발행처 | 진인진
등    록 | 제25100-2005-000003호
주    소 | 경기도 과천시 별양상가 1로 18 614호(별양동 과천오피스텔)
전    화 | 02-507-3077-8
팩    스 | 02-507-3079
홈페이지 | http://www.zininzin.co.kr
이 메 일 | pub@zininzin.co.kr

ISBN 978-89-6347-415-1 93300

* 책값은 표지 뒤에 있습니다.
* 이 책은 2017년 대한민국 교육부와 한국연구재단의 지원을 받아 수행된
  연구(NRF-2017S1A3A2066659)의 결과입니다.